Elisabeth Förster-Nietzsche

Friedrich Nietzsche und die Frauen seiner Zeit

SEVERUS

Förster-Nietzsche, Elisabeth: Friedrich Nietzsche und die Frauen seiner Zeit
Hamburg, SEVERUS Verlag 2014

ISBN: 978-3-86347-943-5
Druck: SEVERUS Verlag, Hamburg, 2014
Nachdruck der Originalausgabe von 1935

Der SEVERUS Verlag ist ein Imprint der Diplomica Verlag GmbH.

Bibliografische Information der Deutschen Nationalbibliothek:
Die Deutsche Nationalbibliothek verzeichnet diese Publikation in der Deutschen Nationalbibliografie; detaillierte bibliografische Daten sind im Internet über http://dnb.d-nb.de abrufbar.

Elisabeth Förster-Nietzsche

Friedrich Nietzsche
und die Frauen seiner Zeit

SEVERUS

Inhalt

Einleitung

Als ich im Herbst 1893 endgültig von Paraguay zurückkehrte, wurde ich in Berlin in eine große Gesellschaft intelligenter Frauen, die man damals „Emanzipierte“ nannte, eingeladen. Ein übertrieben schmeichelhaftes Lob war mir vorangegangen; man hatte sich erzählt, daß ich nach dem Tode meines Mannes eine deutsche Kolonie in Paraguay unter den schwierigsten Verhältnissen aufrechterhalten und in sichere Bahnen geleitet hätte. Erst später ist mir klar geworden, daß ich gewissermaßen als ein Beispiel eingeladen war, um männliche geringe Bewertung von Frauen in verantwortungsvollen Stellungen ad absurdum zu führen. Damals galten Frauen in derartigen Stellungen in Deutschland als eine große Seltenheit. Jetzt, wo sich überall in den Kriegszeiten die Frauen in Vertretung ihrer Männer in Leitungen von Fabriken und Rittergütern so glänzend bewährt haben, also in Bereichen, die ihnen früher verschlossen waren, würde man von meiner kolonisatorischen Tätigkeit nicht mehr ein solches Aufheben machen wie damals. Ich war aber ganz ahnungslos, welche Bedeutung man meinem Schaffen beimaß, denn ich betrachtete mich, bei all den schweren Aufgaben, die mir nach dem Tode meines Mannes und nach der geistigen Ermüdung und Erkrankung meines Bruders, also von den beiden Geliebtesten im Leben auferlegt waren, durchaus im biblischen Sinne, nur als „Gehilfin", die sich bemühte auszuführen, was die Teuren gewollt hatten. Ich war stets durchdrungen von der Superiorität des männlichen Verstandes, was ja bei einem so herrlichen Bruder und einem so ausgezeichneten Mann ganz natürlich war. Ich schien also für den Kreis, in welchen ich eingeladen war, nicht ganz geeignet; aber bald wurde mir sehr lebhaft von der Frauenbewegung erzählt, von welcher ich im fernen Lande noch nicht viel gehört hatte, und es wurde ausgezeichneter Frauen in der Geschichte und der Gegenwart gedacht. Da erzählte ich von Malwida von Meysenbug und Cosima Wagner, die ich beide so gut kannte und zitierte schließlich das sehr schöne Wort: „Das vollkommene Weib ist ein höherer Typus des Menschen als der vollkommene Mann: auch etwas viel Selteneres."

Darauf fragte eine ganze Reihe der vortrefflichen Frauen mit großer Genugtuung, wer das gesagt hätte; „mein Bruder Friedrich Nietzsche", erklärte ich. – „Oh, oh, das ist unmöglich!" riefen fast alle Frauen in höchstem Erstaunen. Und nun merkte ich aus allen weiteren Ausführungen, daß mein Bruder als der schlimmste Frauenfeind galt und daß alle Anwesenden nur das eine Wort von ihm kannten: „Du gehst zu Frauen? Vergiß die Peitsche nicht." – „Das sagt doch Nietzsche?" riefen die Frauen, „oder Zarathustra!" – Da erhob sich eine sanfte Stimme: „Nein, das sagt nicht Zarathustra, sondern er läßt es ein altes Weibchen sagen, und Nietzsche will damit ausdrücken, daß wir Frauen viel schärfer über einander urteilen, als die Männer über uns.“ Wieder gab es ein heftiges, etwas konfuses Durcheinander. Aber die sanfte Stimme fuhr fort: „Mein Mann meint, daß in keinem heiligen Buch der ganzen Welt sich so wunderschöne Worte über die Ehe und über die Frauen fänden, als im Zarathustra.“

Wenn Du, liebe Besitzerin dieser sanften Stimme, noch lebst (ich konnte dich und deinen Namen damals leider nicht kennenlernen), so möchte ich dir heute sagen, daß ich dich immer im Stillen gesegnet habe, denn du warst längere Zeit mein Trost als die einzige Frau, die ohne irgendwelche Beeinflussung durch das Nietzsche-Archiv, das ich damals überhaupt erst begründete, von sich aus versucht hatte, in Nietzsches Vorstellungen verstehend einzudringen, und welche deshalb der falschen Ansicht von Frauenfeindlichkeit Nietzsches widersprechen konnte. –

Aber nicht nur in jenem Kreis intelligenter Frauen, sondern fast überall bin ich lange Jahre hindurch der Ansicht begegnet, als ob Nietzsche sich feindselig gegen die Frau ausgesprochen habe, und wenn ich nachforschte, aus welchem Grunde, so war es immer nur das falschverstandene Peitschenwort aus dem Zarathustra. Man hatte sich zumeist nicht einmal die Mühe gegeben, das ganze Kapitel zu lesen und hatte jedenfalls dessen Schalkhaftigkeit nicht begriffen. Ich will kurz seinen Sinn rekapitulieren. Zarathustra wandelt allein und wird von einem Freund gefragt, warum er so einsam durch die Dämmerung schleiche. Er antwortet: er trage eine kleine Wahrheit in seinem Mantel, die ihm von einem alten Weiblein geschenkt worden sei. Es habe ihm gesagt: „Vieles sprach Zarathustra auch zu uns Weibern, doch nie sprach er uns über das Weib"; Zarathustra antwortet: „Über das Weib soll man nur zu Männern reden." Doch da das alte Weiblein ihn drängt, so sagt er mancherlei über dieses Thema, Gutes und Schlimmes. In der Tat verherrlicht er nur das liebende, gehorchende Weib, das von den emanzipierten Frauen der damaligen Zeit und vielleicht auch von den schwächlichen Männern, die selbst-nicht recht wußten, was sie wollten, etwas gering geschätzt wurde. Das Kapitel schließt: „Da entgegnete mir das alte Weiblein: ‚Vieles Artige sagte Zarathustra, und sonderlich für die, welche jung genug dazu sind ... und nun nimm zum Danke eine kleine Wahrheit! Bin ich doch alt genug für sie.' ‚Gieb mir, Weib, deine kleine Wahrheit!' sagt Zarathustra. Und also sprach das alte Weiblein: ‚Du gehst zu Frauen? Vergiß die Peitsche nicht!' – " Jeder, der Sinn für Nuance und Schalkhaftigkeit hat, ergötzt sich an dieser dichterischen Einkleidung einer etwas herben Wahrheit, der sicherlich alle Frauen, die in der großen Welt gelebt haben, oder die Frauen der unteren Schichten kennen, wo sich das Weib im allgemeinen natürlicher zu zeigen wagt, als in schlichten bürgerlichen Verhältnissen, zustimmen werden. Es gibt in ihren Trieben und Charakteren ungebändigte Frauen, die des Herrn – denn natürlich ist hier die Peitsche nur ein Symbol der Herrschaft – und zwar des starken Gebieters bedürfen, um im Zaume gehalten zu werden.

Übrigens ist der Ursprung dieser Bemerkung eine ganz harmlose, heitere Geschichte. Als mein Bruder im Frühjahr 1882 in Naumburg bei uns zum Besuch war, las ich ihm Turgenjews Novelle „Erste Liebe" vor. Ein reizendes junges Wesen, wohl etwas zweifelhafter Natur, wird zu gleicher Zeit von Vater und Sohn geliebt. Der Vater ist eine kraftvolle, brutale Natur Anfang der vierziger Jahre, der Sohn ein idealer achtzehnjähriger Jüngling. Die Schöne zieht den Vater vor. Späterhin belauscht der jugendliche Schwärmer eine Szene, wo das reizende Wesen den bevorzugten Liebhaber auf den Knien mit ausgestreckten Armen um etwas bittet, dieser aber mit der Reitpeitsche nach ihr schlägt, so daß auf den weißen Armen rote Streiden sichtbar werden; – aber sie liebt ihn trotzdem. Mein Bruder begleitete die Vorlesung mit allerhand humoristischen Bemerkungen; bei dieser Szene aber äußerte er sich sehr mißbilligend über die Handlungsweise des Liebhabers. Da konnte ich aber nicht umhin, ihm an einigen uns bekannten Beispielen zu zeigen, daß es eben Frauennaturen gibt, die nur durch die brutale Machtbetonung des Mannes im Zaume gehalten werden und die, sobald sie nicht jene symbolische Peitsche über sich fühlen, frech und unverschämt werden und mit dem allzuguten Manne, der sie anbetet, Fangball spielen. Mein Bruder kannte die Beispiele sehr wohl und hatte sich darüber oft genügend entrüstet ausgesprochen. Bei dieser Erwähnung aber lehnte er sich auf dem Sofa zurück, hob die Arme in die Höhe und rief mit gut gespieltem Erstaunen: „Also das Lama[1*] rät

1* „Lama" war der Scherzname meines Bruders für mich seit frü-

dem Manne die Peitsche an!" – „Nein", antwortete ich lachend, – „Natürlich für Lamas und für alle vernünftigen tugendhaften Frauen ist die Peitsche nichts; die wollen mit zarter Rücksicht und Liebe behandelt werden. Aber für die anderen!" Mit mancherlei Scherzen gingen wir über die Angelegenheit hinweg. Ein Jahr darauf, Mai 1883, traf mein Bruder mit mir in Rom zusammen und gab mir dort den ersten Teil des „Zarathustra". Da kam ich auch zu dem Kapitel, wo das alte Weibchen Zarathustra den Rat gibt: „Du gehst zu Frauen? Vergiß die Peitsche nicht!" – „Oh Fritz", rief ich erschrocken, „das alte Weibchen bin ich!" Mein Bruder lachte und sagte, das wolle er keinem Menschen verraten. Inzwischen, seit wir die Novelle gelesen hatten, mochte er über die Frauen etwas umgelernt oder dazugelernt haben, so daß er jetzt in der Peitschengeschichte den Kern der Wahrheit des früheren Scherzes so deutlich erkannte, daß er sich veranlaßt fühlte, ihn besonders stark hervorzuheben.

Mein Bruder beklagt sich einmal auf das Tiefste über die Leser seiner Schriften und „die Unfähigkeit, das Neue und Originale zu sehen, die plumpen Finger, die eine Nuance nicht zu fassen wissen, den steifen Ernst, der über ein Wort stolpert und zu Falle kommt". Mich dünkt, daß viele Frauen, besonders die Emanzipierten und ihre Champions, über

---

hester Kindheit her und stammte mit seiner Eigenschaftserklärung aus einer alten Naturgeschichte: „Das Lama ist ein merkwürdiges Tier; freiwillig trägt es die schwersten Lasten, wenn es aber übel behandelt wird und gezwungen werden soll, so verweigert es Nahrung zu sich zu nehmen und legt sich in den Staub um zu sterben."

das Peitschenwort damals gestolpert sind. –

Da ich nun durch die Anregung zu jenem Zarathustrawort sozusagen die Ursache von all diesen Mißverständnissen bin und dadurch mein Bruder fälschlich lange Zeit zu einem großen Frauenfeind gestempelt worden ist, so erscheint es mir als meine Pflicht, dieses falsche Urteil im einzelnen, besonders durch Nietzsches persönliche Erlebnisse zu widerlegen, wozu nun dieses Buch dienen soll.

Doch muß ich ausdrücklich hinzufügen, daß die unzähligen Bemerkungen Nietzsches über die Frauen erst verstanden werden können, wenn man die Anschauungen jener alten Zeit, in der doch mein Bruder und ich aufgewachsen sind, mit in Betracht zieht. Und indem ich das tat und mir gerade die Umstellung der Frau seit der damaligen Zeit zurückrief, ist dieses Buch vielleicht nicht nur für Leben und Ansichten meines Bruders von Bedeutung, es gibt auch ein Bild einer fernen Vergangenheit, die uns fremd geworden war, welche immerhin aber die Grundlage jener für uns alte Leute so erstaunlichen Wandlung in den vergangenen Jahren der Frauenemanzipation deutlich vor Augen führt.

Dagegen zeigen die Bemerkungen Nietzsches in überraschender Weise sowohl eine Übereinstimmung mit Ansichten und Einrichtungen, die in der jüngsten Zeit zur Geltung kommen, als auch mit solchen, die vor hundert Jahren und später das Glück des Weibes in einer glücklichen, kinderreichen Ehe ausmachten – aber auch das Glück des Mannes.

Von der guten alten Zeit

Die modernen Frauen haben mich so oft gefragt, ob es denn früher für das weibliche Geschlecht so sehr viel besser gewesen wäre, so daß mein Bruder eine Änderung der damaligen Verhältnisse und das Selbständigwerden der Frauen, das er Vermännlichung nannte, als so besonders ungünstig empfand. Da kann ich nun weit zurückblicken, denn ich bin 88 Jahre alt und war außerdem sehr vertraut mit alten lieben Verwandten von väterlicher Seite, die in den Jahren der napoleonischen Kriege jung gewesen waren. Aus dieser meiner Erfahrung kann ich die oben erwähnte Frage: ob diese gute alte Zeit besser war als die Gegenwart, folgendermaßen beantworten: Besser, das weiß ich nicht, aber vielleicht natürlicher, nicht so problematisch wie unsere Zeit. Schon damals, als ich jung war, hatten sich die Verhältnisse etwas geändert, wir fingen schon an problematisch zu werden, aber die Grundansicht, daß eine Frau zum Heiraten bestimmt und Ehe und Muttersein ihr natürlicher und einzig richtiger Beruf sei, war noch ziemlich feststehend. Das junge Mädchen jener Zeit war eigentlich etwas sehr Holdes, sozusagen Poetisches, das in dem Familienkreis als liebliche Blume aufwuchs und von nichts wußte, was in der bösen Welt vor sich ging. Von Geldsachen wurde es ganz ferngehalten, und ich erinnere mich noch einer Szene, als ich, achtzehnjährig, von unserer alten kranken Tante zum Bankier geschickt wurde, wo es fast eine Betriebsstörung gab. Alles staunte, was ich wollte – und als ich ängstlich und gewissenhaft am Schluß dem Bankier sagte: „Sie haben mir zu viel gegeben“, gab es ein krampfhaft unterdrücktes Gelächter im ganzen Raum; der alte Herr hatte sich nämlich wirklich sehr zu meinen, d.h. zugunsten der alten Tante verrechnet, weil die Erscheinung eines jungen Mädchens in einer Bank etwas unerhört Seltenes war. – Geschlechtliche Fragen wurden nie in Gegenwart von jungen Mädchen erörtert und mit „Frauenliebe und -leben“ wurden sie zumeist sehr romantisch durch Chamisso und Schumann bekanntgemacht. Ich sehe noch ganz deutlich ein reizendes junges Mädchen lieblich errötend das Lied vortragen: „Er, der Herrlichste von allen“, und demütig schließen: „Darfst mich nied're Magd nicht kennen, höchster Stern der Herrlichkeit“, wobei junge Männer, die zugegen waren, sehr stolz und selbstbewußt umherblickten.

Gerade dieses Lied hat mir zuerst die Wandlung in den weiblichen Empfindungen gezeigt. Dreißig Jahre später war ich nach meiner Rückkehr aus Paraguay in einer Gesellschaft, wo sehr hübsch Musik gemacht und ein junges Mädchen gebeten wurde aus: „Frauenliebe und -leben“ gerade das eben erwähnte Lied zu singen. Aber sie weigerte sich mit Entschiedenheit, denn: „der Text wäre zu dumm.“ Und wir

Alten hatten dieses Lied in unserer Jugend bis in die siebziger Jahre gern und in aller Demut gesungen!

Inzwischen war die große Veränderung in der Frauenbewegung und im Frauenempfinden eingetreten, die sich im 19. Jahrhundert allmählich entwickelt hatte.

Wie ich schon sagte, hatte ich sehr liebe alte Tanten, die vom Anfang des 19. Jahrhunderts gern und interesssant erzählten, und ich höre noch, wie die eine in dem Kriegsjahr 1866 betrübt sagte: „Oh, nun werden euch auch alle Freier weggeschossen, wie zur Zeit der napoleonischen Kriege; das ist ein großes Unglück!" Die Tanten schilderten sehr ernst und doch mit einem gewissen Humor, wie das ganze Leben des jungen Mädchens damals nur darauf zugeschnitten war zu heiraten. Sie zeigten mir auch ein uraltes Büchlein, wo in der ernstlichsten Weise den Mädchen angeraten wurde, einen Mann unter allen Umständen zu erobern. Leider ist dieses für jetzt höchst amüsante Buch verloren gegangen, aber zu meinem Entzücken fand ich es neulich von der berühmten Vorkämpferin der Frauenbewegung, Helene Lange, herrlich zitiert. Das Buch heißt: „Historisches Gemälde der Lage und des Zustandes des weiblichen Geschlechts unter allen Völkern der Erde, von den ältesten bis auf die neuesten Zeiten", entworfen von Johann Joseph Abel. (Ein Lesebuch für Töchter der höheren und mittleren Stände. Leipzig bei August Schumann, 1808.)

Mit aller Eindringlichkeit warnt Abel die Mädchen davor, die Möglichkeit der Ehe zu verscherzen und aus Übermut einem rechtlichen Mann einen Korb zu geben.

> „Schon manche, die bloß für ihren Stolz liebte, die sich in dem Glanz vieler Liebhaber gefiel und sich für keinen erklärte, ist veraltet, ohne daß die Liebe sie belohnt hätte. Manches Mädchen, das aus Stolz immer nur auf einen noch vornehmeren und reicheren Gatten wartet, erreicht darüber das zweiundzwanzigste (!) Jahr. Mit diesem Jahr macht eure üppige Jugendblüte, eure Schönheit Stillstand; unaufhaltbar geht es nun rückwärts, doch die ersten zwei Jahre nur unmerklich, wenn ihr, Mädchen, euch nicht selbst den Ausschweifungen hingabt! Dann aber nach dem Ablaufe des vierundzwanzigsten Jahres unaufhaltbar."
>
> „Wenn ihr in diesem Alter noch keine feste Verbindung habt, so glaubt, daß euch kein Mann mehr aus Leidenschaft wählt; ihr müßtet denn seltene Anlagen des Geistes zu einer außerordentlichen Reife und Kultur hinaufgeläutert haben; denn ob ihr es gleich auch nicht eingestehen wollt, ob ihr gleich euren Spiegel bestechen möchtet – die schöne Blütezeit ist verschwunden."
>
> „Mit raschem Fluge eilt ihr dem dreißigsten Jahre zu, der großen Grenze der Jugend. Habt ihr kein Vermögen, daß sich dieses Vermögens wegen etwa dann noch ein Geiziger über euch erbarmt, so habt ihr die traurige Aussicht, alte Jungfer zu werden."

Schon in den sechziger Jahren wirkte dieses Buch erheiternd, aber jetzt haben wir dafür nun denselben Ausdruck, wie die oben erwähnte junge Dame: „Zu dumm!" Die Schilderung, die dann der Verfasser von einer „alten Jungfer" verfaßte, ist mir noch als wirklich schauderhaft in der Erinnerung, als ob sie „ein unnützes Hausgerät, ein überflüssiges Geschöpf" sei, „sich selbst und anderen zur Last!" Darüber war ich aber in meiner Jugend und übrigens selbst mein Bruder besonders empört, denn wir besaßen einige Nietzsche'sche Tanten, die wir wirklich verehrten und liebten. Sie hatten nichts von dem kleinlichen Klatsch und den Sonderheiten, die man alten Jungfern jener Zeit nachsagte, sie waren von dem ausgezeichneten Typus, der jetzt verschwunden ist: die gute Tante, die sich für Neffen und Nichten aufopferte und ihr eigenes Selbst gegen deren Wohl und Wehe zurückdrängte. Unsere Nietzsche'schen Tanten waren von einer merkwürdigen Eigenart; sie liebten besonders die Einsamkeit, wenn sie auch stets ein offenes Herz und Ohr für alle Freuden und Leiden der jüngeren Generation hatten. Mein Brudser schreibt, als die letzte der alten Tanten gestorben war:

> „Ich freue mich, wenn ich an die alten Tanten denke, daß sie alle eine sonderliche Natur bus in ein hohes Alter festhielten und in sich Halt hatten, um weniger von außen her und von dem so zweifelhaften Wohlwollen der Menschen abzuhängen: ich freue mich dessen, weil ich darin die Rasse-Eigenschaft derer, die Nietzsche heißen, finde und sie selbst habe."

Vielleicht, daß die heroische Zeit am Anfang des 19. Jahrhunderts den alten Tanten besondere Eigenschaften verliehen hatte. Sie machten einen so guten Eindruck, daß ich zum Erstaunen meiner Verwandten von mütterlicher Seite damals erklärte, daß ich auch eine alte Jungfer werden wollte. Mein Bruder hatte nichts dagegen einzuwenden, und wir schmiedeten zusammen Pläne für die Zeit, wo wir ganz alt wären, was wir da miteinander unternehmen wollten. Dazu gehörte übrigens auch ein kleines von Rosen und Reben umwachsenes Haus in Weimar, welcher

Jugendwunsch dann auch (ach, unter so schwermütigen Umständen: mein Bruder krank und ich verwitwet) 1897 in Erfüllung gegangen ist.

Also zu Anfang des 19. Jahrhunderts war der Traum und das Ziel des Mädchens zu heiraten, und ihr tägliches Leben wurde damit ausgefüllt, daß sie eifrig an ihrer Aussteuer nähte. Dazu kamen dann Bälle, Gesellschaften, auch ein wenig Lektüre von sehr romantischen und rührenden Büchern; und in den Jahren 1830-60, wo keine mörderischen Kriege die Freier wegschossen, erreichten sie auch meist das Ziel, nämlich die Heirat, die ihnen allein vorschwebte. In der Generation unserer Mutter, die 1826 geboren war, kann ich mich kaum in dem großen Kreis ihrer Freundinnen einer Unverheirateten erinnern; und selbst diese Einzelerscheinungen hätte man nicht als unglücklich bezeichnen können, denn sie waren beschäftigt und sehr begehrt als Besuch bei Verwandten, um im häuslichen Kreise zu helfen, besonders aber in Hinsicht all der Ansprüche, die im Nähen, Stricken und Stopfen gestellt wurden.

Dann aber kam in den fünfziger Jahren eine Revolution und diese ist mit dem einen Wort: „Nähmaschine“ zu bezeichnen. Ich erinnere mich sehr gut, daß unsere alte Näherin, als sie zuerst eine Nähmaschine in Gebrauch sah, düster ausrief: „Das ist ein Werk des Teufels!“ Bis dahin waren alle weiblichen Wesen der guten bürgerlichen Kreise hauptsächlich mit feiner und grober Näharbeit beschäftigt. Die Hausfrau und Mutter hatte für Hausherrn, Kinder und Haushalt, wie man sich denken kann, sehr viel mit Näharbeit zu tun, und das waren behagliche, gemeinschaftliche Arbeiten, an denen sich unverheiratete und verwitwete Tanten sehr gern beteiligten und bei denen sie sehr willkommen waren; zuweilen las der Hausherr dabei ein gutes Buch vor. Wenn es für Kinder geeignet war, so durften auch diese mit zuhören; so erinnere ich mich noch sehr gut, wie Oberlandesgerichtsrat Pinder in Naumburg uns einmal die „Löwennovelle" von Goethe vorlas und nicht nur die Mütter am runden Tisch, sondern auch uns Kinder in wahre Begeisterung versetzte. Das Kind, das mit süßem Gesang und Flötenspiel den Löwen wieder in den Burghof zurücklockte, entzückte uns, und mein Bruder hat noch dreißig Jahre später erklärt, daß er von einer Goethe-Vorlesung nie einen schöneren und tieferen Eindruck gehabt hat, als von jener Vorlesung in frühester Jugend, als er kaum 12 Jahre alt war.

Bei dem Klappern einer Nähmaschine wäre freilich eine solche Vorlesung unmöglich gewesen. Sie war also für das Familienglück etwas störend und brachte manche Umwälzung, denn durch die Nähmaschine erforderte dieselbe Arbeit kaum den zehnten Teil der Zeit wie früher und außerdem wurde das Nähen gewissermaßen vulgarisiert, denn fein und gut nähen war eine persönliche Kunstleistung gewesen, Maschinennähen aber konnte man unbedenklich bezahlten Kräften überlassen.

Das junge Mädchen hatte nun Zeit, an andere Dinge als an ihre Aussteuer zu denken, und in mancher jungen Seele schlummerte die Sehnsucht nach dem wundervollen Bereich der Wissenschaft, das sich die Männer bis dahin allein reserviert hatten.

In den sechziger und siebziger Jahren brach nun diese Sehnsucht hervor, eifrig wurde Gymnasialbildung und Frauenstudium begehrt. Letzteres machte aber zunächst leider keinen sympathischen Eindruck. Etwas ungeschickt nahmen die ersten Pioniere des Frauenstudiums, besonders Russinnen, männliche Manieren an: rauchten mit Leidenschaft und sprachen in Cafés, öffentlichen Lokalen und Gesellschaften über Dinge, die sonst nie über die Lippen eines zarten, weiblichen Mundes gekommen waren. Außerdem störten sie den Frieden der Familie. Das emanzipierte junge Mädchen widersprach dem Vater, wußte alles besser als die Mutter und glänzte mit wissenschaftlich noch recht unbewiesenen Hypothesen.

Das war für junge Männer sehr abstoßend und sie rächten sich, indem sie behaupteten, daß nur die häßlichen Mädchen nach dem wissenschaftlichen Studium begehrten, weil sie keine Chancen hätten zu heiraten. Daß die emanzipierten jungen Mädchen so ganz darauf verzichteten holdselig zu sein wie in der alten Zeit, sich aber in männlichen Posen gefielen, war wirklich nicht sehr anziehend. Als an die Baseler Universität damals das Gesuch gerichtet wurde auch dort, wie in Zürich den Frauen die Hörsäle zu öffnen, lehnte die Universität mit aller Entschiedenheit dieses Gesuch ab und mein Bruder erzählte, daß ihm Jakob Burckhardt schalkhaft gesagt habe: „Ja, wenn die jungen Damen wenigstens noch hübsch und anziehend wären, dann könnte man es sich noch eher überlegen."

Das waren also einige Andeutungen aus der guten alten Zeit und von den Anfängen der Entwicklung zur Gegenwart. Ich muß nochmals sagen, daß die alte Zeit für das junge Mädchen natürlicher war und gewissermaßen dankbarer. Sie war der Schmuck der Familie, es lag der Zauber von etwas Ahnungsvollem, Zukünftigem auf ihr; sie brauchte eigentlich nichts weiter zu sein, als lieb, hold und naiv, um den ganzen Familienkreis zu entzücken. Eigentlich war sie ein reizendes Spielzeug, und ihre unschuldigen, manchmal ein wenig törichten Bemerkungen, waren das Amüsement der ganzen Familie und auch des jungen Mannes, der sie zu heiraten begehrte. Das war das Idealbild, das ein junger Mann damals von seiner Zukünftigen im Herzen trug, und nach verschiedenen, vertraulichen Mitteilungen habe ich fast den Glauben, daß es noch heute in manchem Männerherzen unverrückt thront.

Es ist nun anzunehmen, daß auch mein Bruder diese damalige holde Gegenwart des jungen Mädchens mit Zuneigung betrachtet hat und schönere Worte sind jedenfalls niemals dafür gefunden worden, als er sie niedergeschrieben hat. „Ein Spielzeug sei das Weib, rein und fein, dem Edelsteine gleich, bestrahlt von den Tugenden einer Welt, welche noch nicht da ist." Das Merkwürdige war nun, daß dieses reizende Spielzeug, wie es damals im allgemeinen dem jungen Manne erschien, nachher Eigenschaften entwickelte, die man vorher nicht geahnt hatte, immerhin naiverweise voraussetzte; aus diesen blumenhaften Wesen entwickelten sich nämlich allmählich ganz vorzügliche tatkräftige Mütter und Hausfrauen, was mein Bruder immer auf die naturhaften unverbrauchten weiblichen Eigenschaften schob, die man heute die „Imponderabilien der Frau“ zu nennen pflegt. Als sich einmal zwei Gelehrte darüber unterhielten, und sich der eine über Nietzsches Zuversicht zu dieser Entwicklung des blumenhaften Mädchens zur tatkräftigen Frau verwunderte, antwortete der andere: „Diese Entwickelung wäre ganz naturgemäß, zuerst die rosige zarte Apfelblüte, die sich dann später zum runden behaglichen Apfel entwickele.“

Deshalb konnte mein Bruder nicht genug warnen, daß sich die Frauen nicht so viel Gelehrsamkeit und alle möglichen anderen männlichen Studien in den Kopf stopfen sollten; immer wiederholte er, er wisse besser, wo der Frauen Stärke läge und sagte von den Emanzipierten: „Sie wissen nicht, was sie tun; sie lösen ihre Instinkte auf mit ihren jetzigen Bestrebungen.“ Von der unverbrauchten Stärke der weiblichen Natur hatte mein Bruder eine große Vorstellung. In dem Kapitel über seine Gesamtanschauung finden wir das mit vielen eigenen Worten bestätigt.

Leider haben die Frauen es damals nicht begriffen, daß es mein Bruder mit seinen vielfach strengen Urteilen sehr gut mit ihnen meinte, was er auch stets im Leben bewiesen hat, so daß es mir unverständlich war, als es aufkam, ihn mit Schopenhauer, als den schlimmsten Frauenfeind, zusammenzustellen. Die Aussprüche Schopenhauers und seine gesamte Stellung zur Frau sind mit meines Bruders Stellung in dieser Hinsicht überhaupt gar nicht zu vergleichen.

Weibliche Einflüsse der Kindheit

Man wird oft die Behauptung hören (ob mit Recht oder Unrecht sei dahingestellt), daß die frühesten Einflüsse die stärksten wären, und auf das Leben den meisten Einfluß hätten. So will ich daraufhin hier feststellen, daß der früheste weibliche Einfluß von unserer Großmutter Erdmuthe Nietzsche, Witwe des Superintendenten Dr. theol. Friedrich August Nietzsche, ausgegangen ist, in deren Nähe mein Bruder die ersten zwölf Jahre seines Lebens verbracht hat. Die Frauen unserer Familie, unter welchen wir aufgewachsen sind, waren sämtlich wirklich verehrungswürdig, besonders aber die geliebte Großmutter Nietzsche. Nach dem allzufrühen Tod unseres Vaters nahm sie unsere Mutter, eine Witwe von 24 Jahren, und uns beide Kinder, meinen Bruder und mich zu sich nach Naumburg. Eine ihrer Freundinnen, Frau Geheimrat Lepsius, pflegte mir später eine lebhafte Schilderung zu entwerfen, welchen herzbewegenden Eindruck wir damals bei allen in Naumburg hervorgerufen hätten. Großmütterchen, die beiden Tanten, unsere Mutter, mein Bruder und ich wären alle in tiefste Trauer gehüllt gewesen, innerlich und äußerlich und hätten mit so schwermütigen Augen in die Welt gesehen, daß jedermann gefühlt habe, hier müßte ein besonders herrlicher Mensch von den Seinen geschieden sein, daß er so tief und so lange von ihnen betrauert würde. Und das ist unser Vater auch gewesen, hochbegabt an Geist und Gemüt, besonders auch für Musik, wie wir später von allen, die ihn gekannt hatten, in den wärmsten Schilderungen gehört haben. Sein Geist und seine Ansichten beherrschten unseren ganzen Haushalt und unsere Kindheit, ihm Ehre zu machen, mußte unser höchstes Bestreben sein, weshalb unser weiblicher Haushalt im Grunde doch unter männlicher Leitung stand. Wie sehr mein Bruder sein ganzes Leben hindurch unsern Vater innig verehrte, kann man aus unzähligen Bemerkungen sehen. Zuletzt sagte er noch im Ecce homo:

> „ich betrachte es als ein großes Vorrecht, einen solchen Vater gehabt zu haben: es scheint sogar, daß sich damit alles erklärt, was ich sonst an Vorrechten habe… Vor allem, daß es für mich keiner Absicht dazu bedarf, sondern eines bloßen Abwartens, um unfreiwillig in eine Welt hoher und zarter Dinge einzutreten: ich bin dort zu Hause, meine innerste Leidenschaft wird dort erst frei.“

Ich betone diesen männlichen Einfluß, der unsere Kindheit und frühe Jugendjahre beherrschte, weil ich irgendwo eine alberne Schilderung gelesen habe, als ob wir weiblich-weichlich erzogen worden wären. Eher paßt der Ausdruck spartanisch. Ich glaube, daß jetzt nirgends Kinder so streng erzogen werden wie wir es wurden, doch war dies durchaus das Verdienst unserer lieben Mutter, die den Traditionen der Familie Oehler folgte, wovon noch später die Rede sein wird.

An der Spitze unseres Haushalts stand also unsere innig geliebte Großmutter, Frau Superintendent Nietzsche genannt, sie ließ sich aber auch gern „Frau Doktor“ nennen, denn unser Großvater Nietzsche war nicht nur Superintendent, sondern auch, seiner vortrefflichen Schriften wegen, von der Universität Königsberg zum Ehrendoktor ernannt worden. Sie war das wahre Ideal einer Frau, oder wie wir es empfanden: eines Großmütterchens. Wenn ich hier so ausführlich von ihr schreibe, so liegt das daran, daß wir uns unsere ganze Jugend hindurch, wenn es Schwierigkeiten gab, nach ihr gesehnt haben, im Glauben sie könnte helfen. Sie hatte ein feines, blasses Gesichtchen, aus welchem wunderschöne dunkle Augen voll Geist und Herzensgüte uns entgegenstrahlten. Ein Häubchen, mit dichter Spitzenrüsche, umschloß nach damaliger Mode ganz eng ihr Gesicht, nur zwei kohlschwarze seidenweiche Löckchen sahen an den Schläfen unter den Spitzen hervor. Großmütterchen hat nämlich bis zu ihrem Tode kein weißes Haar gehabt. Ihr sanftes, gütiges, würdevolles Wesen, die zarte Teilnahme für fremdes Wohl und Wehe machten sie zu einem Gegenstand allgemeiner Liebe und Verehrung. Da sie nunfast nie ausging, so hatten wir außerordentlich viel Besuch, der immer auch sehr freudig aufgenommen wurde.

Außer Großmütterchen und unserer lieben Mutter wohnten noch zwei ältere Schwestern unseres Vaters mit uns zusammen, zwei sehr liebevolle Tanten, die eine Auguste, stand dem gesamten Hauswesen vor, in welchem eine wahrhaft bewundernswerte Ordnung und Sauberkeit – und sehr sorgsame Küche herrschte, die andere Tante, Rosalie, besorgte, wie es scherzweise hieß, die geistlichen Angelegenheiten; in der Tat bemühte sie sich für alle christlichen und wohltätigen Anstalten, zeigte lebhafte, tätige Teilnahme für kirchliche Angelegenheiten, war sehr bewandert in christlicher Dogmatik, interessierte sich aber sehr lebhaft für alle wissenschaftlichen und politischen Vorgänge. Sie las viel, auch ganz regelmäßig Zeitungen (und zwar die königlich privilegierte Vossische Zeitung), was damals bei Frauen noch nicht allgemein gebräuchlich war.

Zu unsern schönsten Stunden gehörte die Abenddämmerung, dann gingen wir zu Großmütterchen und baten: „Bitte, erzähle was!“ Fritz hörte am liebsten vom Krieg und Napoleon. Unsere Großmutter hatte nämlich die Zeit der großen Kriege am Anfang des 19. Jahrhunderts miterlebt – und immer in der Nähe der entscheidenden Schlachten. Schlimme Tage muß sie nach der Schlacht von Jena erduldet haben, als sie mit ihrem ersten, damals schwer erkrankten Mann, dem Hofadvokaten Krüger in Weimar lebte; sie konnte so anschaulich beschreiben, wie alle geflohen wären und sie allein mit dem kranken Mann und einem Dienstmädchen im verödeten Haus geblieben sei. Wie dann die feindlichen Truppen gekommen wären und Großmütterchen das hübsche junge Mädchen im Kamin versteckte (weil diese so sehr bange gewesen sei, wurde uns Kindern zur Erklärung gesagt) und die Soldaten dann so schlimm gehaust hätten, ihr schönes Tischzeug zu Fußlappen zerschnitten usw.; sogar den kranken Mann hatten sie vom Lager gerissen, weil sie glaubten, im Bett könnten Kostbarkeiten verborgen sein. Diese wilde Truppe war dann fortgezogen und an ihre Stelle eine gesittete deutschsprechende gekommen. Aber es wäre doch sehr schauerlich und zum Fürchten gewesen. Eines Abends jedoch hörte Großmama plötzlich angstvolle Rufe an der Haustür: „Muthchen! Muthchen!“ Sie erkennt die Stimme ihres Bruders und einer Freundin; wie Engelstimmen haben sie ihr geklungen. „Hier bin ich“, ruft sie zum Fenster hinaus. „Du lebst! Gelobt sei Gott!“ antworteten Freundin und Bruder und teilten ihr mit, daß alles bereit sei, sie und ihren kranken Mann zunächst auf ein in der Nähe von Weimar gelegenes einsames Schloß zu bringen und später nach Naumburg, wo ihr Bruder Domprediger war. Einer der einquartierten Unteroffiziere erbietet sich bei der Überführung nach dem Wagen zu helfen; so wurde denn alles Nötige zusammengepackt, dem Unteroffizier eine große weiße Schürze vorgebunden und verstecktes Wertvolles, Silberzeug usw., was beim Plündern nicht aufgefunden war, hineingetan. Alles zieht beladen nach dem nahen Wagen, wo der Kranke sorglich untergebracht wird. Der Soldat hilft und geleitet sie bis vor die Stadt, wird reichlich belohnt und Gottes Segen auf ihn herabgewünscht. Man trennt sich voller Rührung, welche sich bei Großmütterchen allerdings später etwas legte, denn schließlich fehlte doch ein halbes Dutzend der besten silbernen Löffel; – aber vielleicht hatte die der brave Mann unterwegs verloren, wie Großmütterchen entschuldigend hinzufügte.

Auch aus den schweren Kriegszeiten von 1813 wußte Großmütterchen noch viel zu erzählen; sie war damals schon mehrere Jahre mit unserem Großvater in Eilenburg verheiratet. Unter den Donnern der Vorgefechte der Schlacht bei Leipzig, den 10. Oktober 1813, wurde unser Vater geboren. Sie konnte nie ohne Bewegung davon sprechen, wie unheimlich und furchtbar jener Herbst gewesen sei: Fluten von Truppen hatten sich über die ganze Gegend ergossen; alle jene düsteren Nächte hindurch habe man das eilige, eintönige Marschieren der Regimenter gehört, und mit tausend Anliegen klopfte Freund und Feind an die Superintendentur. Wie viel Rat und Hilfe erwartete man von dem lieben Großvater, zu wie viel Sterbenden wurde er gerufen! Großmütterchen sagte, daß sie das schauerliche Pochen an den Fensterläden aus jener Zeit und die Rufe: „Hochwürden, es will einer sterben", noch jahrelang in ihren Träumen gehört und schreckhaft emporgefahren sei. –

Großmütterchen hatte aber trotz allem Schweren, was sie durch Napoleons Kriege zu erleiden gehabt hatte, doch eine sanfte Vorliebe für ihn. Wenn wir Kinder, wie es uns in der Schule gelehrt wurde, mit ungeheurer Glut gegen dieses „Ungeheuer" eiferten, lächelte Großchen (so nannten wir sie) und meinte: „Still, still, ihr Kleinen, es war aber doch ein ganz Großer."

Sie hatte überhaupt sehr ihre eigenen, bestimmten Ansichten und tauschte sie durchaus nicht gleich gegen neue Anschauungen ein. In den fünfziger Jahren gab es überall sogenannte Erweckungen, die Leute sprachen viel, allzuviel von ihren

Sünden. Großmütterchen, eine zarte, wahrhaft fromme Seele, deren ganzes Leben eine Bestätigung der höchsten christlichen Lehren, die wundervollste Harmonie von Denken, Sprechen und Handeln war, konnte sich nicht mit dieser aufdringlichen Art von Frömmigkeit und Sündenbekenntnis befreunden. Später wurde mir erzählt, daß sie eines Tages sehr heftig erklärt habe, sie wäre mit dem Glauben an Gott, Tugend, Unsterblichkeit aufgewachsen, sie wolle nichts mehr vom Sündenelend hören.

Großmütterchens größtes Glück war, andern Leuten Freude zu machen. Sie konnte sich nie im Schenken genug tun, und ich weiß, daß sie oft nur mit Gewalt zurückgehalten wurde, mit den schönen seltenen Früchten , die man ihr zur Erfrischung gesandt hatte, uns Kinder zu beglücken. Manchmal tat sie es aber doch ganz im Verborgenen, aber Fritz war nicht zu bewegen, solche Leckerbissen anzunehmen: „Nein, geliebtes Großchen, das dürfen wir Dir nicht wegessen“, meinte er hartnäckig. Aber hier und da gab es doch einen Kompromiß, es wurden drei Teile gemacht, und dann schmeckte es uns allen köstlich.

Viel Herzeleid hatte Großmütterchen in ihrem Leben erfahren, deshalb verstand sie es wohl auch so gut, fremdes Leid mitzufühlen. Das Bitterste, was sie betroffen hatte, war wohl der frühe Tod ihres hochbegabten Sohnes, unseres inniggeliebten Vaters, und der Sommer 1855 brachte ihr neuen schweren Kummer durch den Tod ihrer lieben jüngsten Tochter Auguste, welche uns eine außerordentlich liebevolle und fürsorgliche Tante gewesen war. Dieser letzte Todesfall betrübte sie so sehr, daß sie von da an kränkelte und 1856 starb, tief betrauert von allen, die sie kannten und von uns beiden Enkelkindern, die wir in ihr zeitlebens ein Ideal verehrten.

Es wurde an meinem Bruder in späteren Jahren so berühmt, wie reizend fürsorglich er für alte kränkliche Damen wäre. Das geht immer auf seine frühesten Jugenderlebnisse zurück, wo er stets bemüht war, Großchen beim Aufstehen zu helfen, sie zu führen und zu stützen und in jeder Beziehung auf ihre Wünsche Rücksicht zu nehmen. Jeden Morgen eilte er von der Schule zu ihr, um nach ihrem Befinden zu fragen und ihr die Hand zu küssen.

Wie man aus dieser Schilderung sieht, waren wir von sorglichen Frauen umgeben, aber der Schmuck unseres Hauses war unsere sehr hübsche und sehr geliebte junge Mutter. Wir waren sehr stolz auf sie, und als wir beide von einer Kunstausstellung hörten, daß „Jairi Töchterlein" auf einem Bild von Gustav Richter unserer Mutter gleichen sollte, verlangten wir eifrig das Bild zu sehen, fanden aber unsere Mutter viel schöner. Späterhin habe ich doch öfters gehört, daß man gemeint habe, unter andern Umständen müßte man diese junge Witwe, die mit einer alten Schwiegermutter und zwei älteren Schwägerinnen zusammenlebte, bedauern. Aber da unsere Großmutter Nietzsche so ungemein beliebt war, so meinte man doch, mit ihr zusammen zu sein müßte als ein Glück betrachtet werden. Wie es unsre liebe Mutter selbst empfunden hat, darüber hat sie sich nie ausgesprochen; da sie aber viel verreiste, auch viel eingeladen war, zumal wir unter der Obhut von Großmutter und Tanten wohl aufgehoben waren, so glaube ich doch, daß sie einen gewissen Druck empfunden hat, da sie ihr eigenes reizend liebenswürdiges Wesen und große Lebhaftigkeit in Gegenwart der andern im Hause ein wenig eindämmen mußte. Unsere geliebte Mutter erschien uns immer ganz anders, wenn wir mit ihr bei den Oehlerschen Großeltern zu Besuch waren, viel jünger und heiterer, als ob sie unsere ältere Schwester wäre. Dabei darf man aber sich ja nicht vorstellen, daß sie in der Erziehung sehr milde gewesen wäre; das war nicht Oehlersche Art. Wir Nachkommen der ausgezeichneten Großeltern Oehler sind allesamt, wie schon erwähnt, gewissermaßen soldatisch erzogen worden, wir gehorchten auf´s Wort, sogar auf den Blick. Im täglichen Leben wurde auf unsere speziellen Wünsche keinerlei Rücksicht genommen, so daß die im Alter sehr mild gewordene Großmutter Oehler einmal unserer lieben Mutter den Rat gab, im Essen und auch sonst etwas mehr Rücksicht auf den Geschmack der Kinder zu nehmen, worauf unser Mutterchen sehr spitz sagte: „Hast Du das bei Deinen elf Kindern auch getan?“ Wir haben aber diese Erziehung damals durchaus nicht als streng empfunden, sondern erst in späteren Rückschauen und wenn wir uns mit den andern Oehlerschen Nachkommen besprachen. Aber ich muß ausdrücklich hinzusetzen, daß mein Bruder für diese strenge Erziehung später nur Worte der Anerkennung gefunden hat.

Vielleicht kam die eigene Art und Weise unserer lieben Mutter erst zutage, als wir nach dem Tode unserer Großmutter Nietzsche mit ihr in das Haus einer Freundin zogen, das von einem herrlichen großen altmodischen Garten umgeben war. Ich denke noch mit Entzücken, wie glücklich und heiter wir drei damals zusammen waren, und wenn ich alles zusammenfasse, so empfanden wir unsere liebe, so junge Mutter, wie schon erwähnt, immer mehr als eine geliebte ältere, wenn auch strenge Schwester, die unsere jugendlichen Empfindungen teilen und all unseren Unternehmungen nahestehen konnte. Zum Beispiel war damals Schlittschuhlaufen und mit einem kleinen Schlitten den abschüssigen Hügel hinunterlaufen – was man jetzt „Rodeln" nennt –, durchaus noch nicht allgemein beliebt und erlaubt. Aber unser Mutterchen hatte durchaus nichts dagegen, sie selbst hatte doch zu Hause bei ihren Eltern, im Verein mit vier ihr im Alter nahestehenden Brüdern, zwei jüngeren und zwei älteren, alle diese Künste geübt und war Meisterin darin gewesen, was uns aber nur die Onkels erzählten. Sie selbst fühlte als Pfarrerswitwe nicht den Wunsch sich damit zu rühmen, da es nicht der allgemeinen Anschauung entsprach. Wir haben jetzt wirklich keine Vorstellung, wie fremd in sportlicher Hinsicht Eltern und Kinder der damaligen Zeit empfanden! Nur dadurch, daß unser Großvater Oehler kein Pfarrer der pietätischen Richtung war, die damals bevorzugt wurde, standen wir von Kindheit an der Natur und allerhand Sportlichem sehr nahe, was durchaus unserm Großvater Oehler zu verdanken war. Er war in seiner Jugend ein eifriger Jäger und Reiter gewesen und später großen Spaziergängen, die wir teilen durften, sehr zugeneigt, da er das allzu viele Lesen und In-der-Stube-Sitzen für uns Enkel nicht wünschenswert hielt.

Noch viel Interessantes und Eigenartiges wäre von unserm sehr verehrten Großvater Oehler zu erzählen, aber da in diesem Büchlein nur von Frauen die Rede sein soll, so möchte ich hier nur noch mit besonderer Liebe unserer sehr verehrten Großmutter Oehler gedenken, die mit ruhiger Würde diesem sehr großen Haushalt mit elf Kindern und unglaublich viel Besuchen vorstand. Sie stammte aus einem sehr reichen Haus. Ihr Vater besaß zwei oder drei Rittergüter, verlor aber infolge der napoleonischen Kriege den größten Teil seines Vermögens. Er hatte dem König von Sachsen 96000 Taler geliehen, eine für die damalige Zeit sehr hohe Summe und außerdem enorme Lieferungen an Vieh und Getreide geleistet, was aber leider nach dem für Sachsen verlorenen Krieg nicht bezahlt wurde. Außerdem aber weigerte sich das Königreich Sachsen das geliehene Kapital zurückzuzahlen: „Das wäre nun Preußens Sache!“ Damals war die Provinz Sachsen, also auch der ganze Bereich um Zeitz herum, wo die Rittergüter unseres Urgroßvaters lagen, preußisch geworden und das diente dem Königreich Sachsen zum Vorwand, die Schuld nicht zu zahlen. Aber die preußische Regierung weigerte sich gleichfalls und zwar mit vollem Recht, so daß schließlich der Vater unserer Großmutter erklärte, er wäre nicht mehr reich genug, um mit zwei Königreichen Prozesse zu führen, und daß die beiden Schwiegersöhne, ein österreichischer Offizier und unser Großvater es auch aus dem gleichen Grunde aufgaben ihr Recht zu fordern.

Mit welcher ruhigen Würde und gewissermaßen philosophischen Gelassenheit unsere liebe

Großmutter Oehler die verschiedensten Veränderungen der Verhältnisse, vorzüglich nach dem Tod des Großvaters ertrug, haben wir immer sehr verehrungswürdig empfunden. Wie ich schon erwähnte, war sie ebenso wie der Großvater uns Enkeln gegenüber von einer bis dahin verborgenen rührenden Zärtlichkeit. Ich erinnere mich, daß eine der jüngeren Schwestern unserer Mutter, die nur wenige Jahre älter als ihr Sohn Fritz war, zu ihr sagte: „So zärtlich bist Du nie zu uns gewesen!" Darauf sagte die liebe Großmutter Oehler: „Ihr wart aber auch nicht so artig wie Fritz und Elisabeth!" Mit diesem großmütterlichen Lobspruch will ich dieses Kapitel beenden.

Liebes- und Heiratsgeschichten

Von verschiedenen Seiten werde ich dringend gebeten in diesem Buch auch alles von Nietzsches Liebes- und Heiratsgeschichten zu erzählen, weil man erst dadurch seine Stellung zur Frau richtig beurteilen könnte. Ich habe nun versucht alles in dieser Hinsicht zusammenzustellen, aber das Resultat ist etwas dürftig, besonders wenn ich es mit den Liebesangelegenheiten seiner Freunde vergleiche, zum Beispiel des berühmten Geheimrat Paul Deussen, der mir als alter Herr versicherte, daß er achtundzwanzigmal dem weiblichen Zauber erlegen gewesen wäre. Er hatte alles genau registriert und versicherte mir, daß ich Nr. 16 gewesen wäre, was mir aber vollständig entgangen war. Mit der ersten Liebe von Paul Deussen, als er Primaner und 18 Jahre alt war, ist nun auch meines Bruders erstes Liebesgedicht verknüpft, da er als ein echter Dichter sich vollständig in die Stimmung seines Freundes hineinzuversetzen wußte, wie man aus der nachfolgenden Erzählung ersieht.

Als ich im September 1863 wieder einmal die von meinem Bruder in den Ferien zurückgelassenen Papiere ordnete, wozu ich erst längere Zeit nach seinem Ferienaufenthalt in Naumburg kam, da ich verreist gewesen war und selbst das Ende der Ferien nicht mit ihm verlebt hatte, fand ich das nachfolgende Gedicht:

Untreue Liebe

Die Hand, die herzlich dargebotene
zurückgegeben, zweifelhaften Auges,
und auf der Zunge, wägend Silb' um Silbe,
das Herz, den aufgebrochnen Brief, zurück-
gewiesen, ungelesen, ungedeutet!
Und das von dir!
Herum im Kreise staunten
und lachten Eintagsfliegen, flogen weiter
und summten ärgerlich Gesumm. Jedoch
ein Gott riß mich heraus, mit wilder Schwermut
den Sinn umnachtend. –
Und lächelnd schau' ich jetzt die Fäden an,
die durchgeriss'nen, durch die Hand mir gleitend,
an denen es wie Blut und Tränen glänzt:
sie waren schön und sind es noch, und wie
des späten Sommers Schleier flieh'n sie fort
ein Windhauch spielt mit ihnen, und das Gold
der Abendsonne glüht und glitzert drinnen.
Du nicht mehr mein! Es spielt mein liebster Traum
mit deinem Bild, und einsam steigst du auf
aus Herzenstiefen wie ein Stern, entglommen
an meines Lebens nächt'gem Himmel – doch
schon ferne, ach zu ferne, schon versunken!

Da ich damals noch nicht wußte, wie sehr ein dichterisches Gemüt sich in die Erlebnisse eines andern hineinfühlen kann, so glaubte ich, daß in dem Gedichte eigene Erlebnisse meines Bruders enthalten wären. Er war damals beinahe 19 Jahre alt, also durchaus in dem Alter, wo Jünglinge leidenschaftliche Liebeserlebnisse zu haben pflegen. Während ich noch das Gedicht prüfte und mir zurechtlegte, kam ein ungewöhnlich langer Brief meines Bruders aus Pforta, mit noch ungewöhnlicheren sentimentalen Ergüssen, kurzum, ich fühlte mich durchaus berechtigt, ihm ein wenig erschrocken, aber von Herzen teilnehmend zu schreiben. Aber er antwortete:

> „Siehe, ich bekam ihn am Schopfe, nämlich Deinen Brief, las ihn und lachte, und als ich ihn ausgelesen, lachte ich noch einmal. Also förmlich entsetzt bist Du gewesen, weil ich nicht, wie gewöhnlich über schmutzige Strümpfe, allerlei Wünsche meines Magens und meiner Kasse und ähnliche saubere Gegenstände, die Dir meine Briefe immer so teuer machen, geschrieben habe, sondern weil ich in einem Selekta-Töchterschulenstil in sentimentalen haarsträubenden Phrasen den Wunsch aussprach, mir einige Noten zu besorgen: gewiß ein bescheidener Wunsch, der mir aber doch nicht in Erfüllung gegangen."

Allmählich ergab es sich, daß die oben erwähnten Verse aus der Seele seines Freundes Deussen, der damals gleichfalls in Pforta war, stammten. Dieser lebte mitten in einer rührenden Liebesgeschichte, in welcher mein Bruder Vertrauter war, und als sich der Gegenstand der leidenschaftlichen Verehrung seines Freundes mit einem andern verlobte und nicht auf den Primaner zu warten gedachte, empfand mein Bruder den Schmerz des Freundes so stark, daß er die Angelegenheit in die obigen Verse brachte. Ob nun die darin geschilderten Vorgänge der historischen Wahrheit in der Liebesgeschichte entsprechen, kann ich nicht mit Bestimmtheit behaupten.

Dagegen erinnere ich mich noch sehr lebhaft der Schilderung Deussens, wie sehr sich mein Bruder bemüht hat, ihn zu trösten, wie er bewaffnet mit den Aussprüchen alter griechischer Philosophen, mit dem Freund in den düsteren Kreuzgängen Pfortas umherwandelte und nun seine ganze Weisheit auf den unglücklich Liebenden herniederströmen ließ, – vielleicht mit einigem Erfolg, da Paul Deussen ein gelehrter Jüngling war, und auf die alten griechischen Philosophen schwor.

Wenn mein Bruder nun auch durch die Erlebnisse des Freundes erkennen mußte, daß Liebesempfindungen mit mancher Bitternis verknüpft sind, so sah er doch bei den andern Schulgenossen, daß auch manche Süßigkeit damit verbunden sein müßte, wozu ihm allerdings die Dichter und die Musik besonders die Vorstellung gaben. Er wählte jetzt zum Vorspielen Kompositionen, die sich der Liebe zuneigten; er wünschte, daß ich „Frauen-Liebe und -Leben“ singen möchte und las uns auch gern Liebesgedichte vor. Als nun die Schwester eines seiner Unteren (in Pforta wurden die Schüler der unteren Klassen, je zwei, einem Oberprimaner zur Obhut anvertraut), Fräulein Anna Redtel, bei ihren Großeltern Geheimrat Backs in Kosen zu Besuch war, und er mit ihr viel vierhändig spielte, so fing auch mein Bruder an zu schwärmen. Sie war eine kleine liebliche, ätherische Berlinerin, liebenswürdig, gut unterrichtet und sehr musikalisch. Nietzsches Vorstellung – die er zuweilen geäußert hat –, daß wir Frauen eigentlich zarte Vögelchen wären, etwas sehr Feines und Zerbrechliches, ist vielleicht auf diese erste jugendliche Schwärmerei zurückzuführen. Er widmete ihr Verse und eine musikalische Rhapsodie und fühlte sich, wie ich vermute, recht befriedigt, auch einmal von jenen Empfindungen, von welchen seine Schulgenossen so viel Wesens machten, ergriffen zu sein.

Es muß aber hier festgestellt werden, daß sich seine Schwärmerei nie über eine gemäßigte, poetisch angehauchte herzliche Zuneigung erhob, wie denn überhaupt die große Passion und die vulgäre Liebe dem Leben meines Bruders fern geblieben ist. Seine ganze Leidenschaft lag in der Welt der Erkenntnis; deshalb hatte er für alles andere nur sehr temperierte Empfindungen. Niemals hat er sein Staunen ganz verbergen können, daß Liebesgeschichten von seinen Freunden so überaus wichtig genommen wurden. Immer fragte er kopfschüttelnd: „und das alles um ein kleines Mädchen?“

Die nächsten Studentenjahre in Bonn und auch im Anfang in Leipzig ist er dem weiblichen Geschlecht sehr fern geblieben und seine Kommilitonen in Bonn, in der Verbindung Franconia spotteten deshalb etwas über ihn, wie es auch die scherzhaften Verse, welche auf ihn gemacht wurden, beweisen. Die Kameraden bewunderten seine große musikalische Begabung und nannten ihn: „Ritter Gluck“, und erkannten auch seine tiefen dichterischen Neigungen. So lautete der Spottvers, der auf ihn gemacht wurde:

> Tragödien und Romanzen daran er sich ergötzt,
> Hat Gluck viel komponieret und in Musik gesetzt.
> Kommt Abends er nach Hause, küßt ihn ein roter Mund.

Vor lauter Thee und Zuckerwerk, kommt er noch auf den Hund.
Und mit Heirassassa, die Franconen sind da,
Die Franconen sind lustig, sie rufen hurrah!

Irgend ein Journalist hat daraufhin phantasiert, daß der „rote Mund“, von welchem in dem Spottvers die Rede ist, die Tochter oder Verwandte seiner Wirtsleute gewesen wäre und Mariechen geheißen hätte. Das ist alles freie Erfindung, denn wie mir ein Kommilitone meines Bruders erzählte, hätte man das „Küssen“ und den „roten Mund“ gerade in den Spottvers gebracht, um die Kälte und die Liebelosigkeit meines Bruders dem weiblichen Geschlecht gegenüber zu verhöhnen. Paul Deussen, der mit meinem Bruder in Bonn täglich zusammen zu Mittag aß, spricht sich etwas pedantisch in seinen „Erinnerungen“ über den Spottvers aus:

„Die Bemerkung über Thee und Zuckerwerk war nicht unrichtig. Nietzsche liebte Süßigkeiten sehr und ließ sich oft dergleichen geben, während ich meine Zigarre rauchte. Scherzweise pflegten wir darüber zu streiten, welcher von uns bei seiner Weise billiger fortkomme. Was aber das erwähnte Küssen des roten Mundes betrifft, so habe ich nie bemerkt, daß Nietzsche zu dergleichen neigte. Nicht ganz gern teile ich hier eine Geschichte mit, welche als ein Beitrag zu Nietzsches Denkweise es verdient, der Vergessenheit entrissen zu werden. Nietzsche war eines Tages, im Februar 1865, allein nach Köln gefahren, hatte sich dort von einem Dienstmann zu den Sehenswürdigkeiten geleiten lassen und forderte diesen zuletzt auf, ihn in ein Restaurant zu führen. Der aber bringt ihn in ein übel berüchtigtes Haus. ‚Ich sah mich‘, so erzählte mir Nietzsche am andern Tage, ‚plötzlich umgeben von einem halben Dutzend Erscheinungen in Flitter und Gaze, welche mich erwartungsvoll ansahen. Sprachlos stand ich eine Weile. Dann ging ich instinktmäßig auf ein Klavier als auf das einzige seelenhafte Wesen in der Gesellschaft los und schlug einige Akkorde an. Sie lösten meine Erstarrung, und ich gewann das Freie.' Nach diesem und allem, was ich von Nietzsche weiß, möchte ich glauben, daß auf ihn die Worte Anwendung finden, welche Steinhardt in einer lateinischen Biographie des Platon uns diktierte: mulierem numquam attigit."

Als mein Bruder zum Studium nach Leipzig übersiedelte, kam der Zeitpunkt, wo er zuerst Schopenhauers Werke kennen lernte, die einen so tiefen Eindruck auf ihn machten, daß er selbst über Frauen anfing, sich sehr kritisch zu äußern, woran er bis dahin nie gedacht hatte. Jetzt redete er recht überheblich von „Weibern", zum großen Erstaunen unserer Mutter, die ihm bemerklich machte, daß ein junger Mann nicht so respektlose Reden führen dürfe. Ich erinnere mich noch einer ergötzlichen Kaffeestunde, wo mein Bruder demonstrierte, daß das Wort „Weib" ein idealer Ausdruck wäre. Er wies auf das weiße Kaffeetuch hin, das vor uns ausgebreitet lag, in welchem nicht nur die Zeit der Entstehung 1781, sondern auch ein biblischer Spruch eingewebt war: „Weib, gieb mir zu trinken." Darauf wurde festgestellt, daß das Wort „Weib" in der Einzahl poetisch wäre, aber im Plural einen unangenehmen Beigeschmack habe. Auch konnte mein Bruder nicht erklären, welche Frauen er mit dem Plural „Weiber" bezeichne. Etwas kleinlaut brachte er endlich heraus: „Marktfrauen und Logiswirtinnen." Während der ganzen Zeit seiner ersten Schopenhauer-Begeisterung besuchte mein Bruder in Leipzig keine Bälle oder sonstige gerade für die Jugend bestimmten Gesellschaften, dagegen war er in dem Haus des Geheimrat Ritschl sehr gern gesehen und von Frau Ritschl sprach er mit Begeisterung.

Im Frühjahr 1866 äußerte er sich zunächst, der Zeit gemäß, sehr kriegerisch und auch recht derb; aber auf einmal sprach er sich bei seinen Besuchen in Naumburg recht sentimental aus und erzählte voll Entzücken vom Theater. Hedwig Raabe war nämlich nach Leipzig gekommen, und obgleich inzwischen der Krieg mit Österreich begonnen hatte und die Preußen Sachsen okkupierten, so war doch jeden Abend das Theater in Leipzig vollständig gefüllt, im Gegensatz zu Dresden, wo man an einem Abend nur sechs Taler einnahm, und dann das Theater überhaupt geschlossen wurde. Hedwig Raabe bezauberte ganz Leipzig, man nannte sie „den blonden Engel“, und wenn mein Bruder ergriffen und entzückt von dem Stück: „Sie hat ihr Herz entdeckt“ erzählte, da fühlten wir deutlich, daß auch unser Fritz sein Herz entdeckt hatte. In allen Briefen an die Freunde spricht er von ihr und zuletzt entschloß er sich seine Bewunderung ihr auszudrücken, ihr eigene Verse und Kompositionen zu senden, mit dem nachfolgenden Brief, der glücklicherweise im Entwurf erhalten ist:

„An Hedwig Raabe

Juni 1866

Mein erster Wunsch ist, daß Sie die unbedeutende Widmung unbedeutender Lieder mir nicht übel deuten. Es liegt mir nichts ferner, als Sie etwa durch diese Widmung auf meine Persönlichkeit aufmerksam machen zu wollen. Wenn andre Leute durch Hand und Mund im Theater ihr Entzücken kundgeben, tue ich es durch ein paar Lieder; andere mögen in Gedichten noch besser, deutlicher sich verständigen. Alle aber haben nur ein Gefühl: Ihnen anzudeuten, wie glücklich sie auf eine kurze Strecke ihres Daseins gewesen sind, wie herzlich sie die Erinnerung an solch sonnige Blicke eines vollkommenen Lebens in sich hegen.

Sie dürfen, nicht meinen, als ob diese Huldigungen Ihrer sicher höchst edlen und liebenswürdigen Natur dargebracht würden. Im Grunde verehre ich und sicherlich alle mit mir Ihre Darstellungen: mit der Süßigkeit und dem Schmerz, mit dem meine eigene Kindheit mir vor die Seele tritt, als ein Verlorenes und doch einmal Dagewesenes, denke ich auch an Ihre lebenswahren und immer herzensguten Gestalten: (und je weniger mir das Leben bietet, um so mehr). Mögen diese Gestalten mir auf meinem Lebenswege auch noch so selten begegnen – und noch vor kurzem glaubte ich gar nicht mehr an ihre Wirklichkeit – so ist mein Glaube an sie jetzt wieder festgewurzelt. Dies verdanke ich wirklich Ihnen allein; nach diesem Bekenntnis werden Sie mir auch die Freiheit dieses Briefes nicht übelnehmen. Was kann Ihnen an augenblicklichen Erfolgen, an dem stürmischen Beifall einer aufgeregten Menge liegen. Aber zu wissen, daß viele aus dieser Menge eine heilbringende Erinnerung mit sich forttragen, daß viele, die das Leben und die Menschen trübe genug anblickten, jetzt mit hellerem Gesicht und freundlicher Hoffnung weitergehen – dies muß ein überaus beglückendes Gefühl sein.

Es ist schließlich mein Wunsch, daß Sie auch aus den Tönen der beiligenden Lieder diese warmen und dankbaren Empfindungen heraus hören mögen."

Es ist ein recht philosophischer und pedantischer Liebesbrief und nur dadurch zu erklären, daß mein Bruder damals noch im ersten Stadium seiner Schopenhauer-Begeisterung stand. Da wollte er nicht zugeben, daß sein Entzücken durch die richtige weibliche Bezauberung hervorgerufen war, sondern er suchte ethische und philosophische Gründe, um diese Bezauberung zu erklären. Jedenfalls gibt dieser Brief keine Vorstellung davon, daß Hedwig Raabe wirklich die erste große Liebe meines Bruders gewesen ist und der Maßstab, wonach er junge Mädchen beurteilte. „Beinah so reizend wie Hedwig Raabe", war sein höchstes Lob. Während dieser Schwärmerei im Frühling und Frühsommer in Leipzig wurde er für sein ungeselliges Betragen: daß er fast keine Besuche in Familien gemacht hatte, hart bestraft. Denn man denke sich, der angebetete „blonde Engel" wohnte bei sehr kunstsinnigen Verwandten von uns, die er bis dahin in seiner Ungeselligkeit nicht aufgesucht hatte. Hätte er sich nun als Verwandter dort längst behaglich eingenistet, wie oft hätte er dann seinen angebeteten „blonden Engel" in der Nähe sehen und mit ihm sprechen können. Aus seiner weiteren Studentenzeit ist nur ein Bade-Aufenthalt in Wittekind, in der Richtung von Flirt und Courmachen bemerkenswert, was er auch in seinen Briefen an Rohde erwähnte. Im Herbst 1868 begann aber der ereignisvolle Winter in Leipzig mit allen seinen wissenschaftlichen Plänen, die er mit der frühen Berufung als Professor an die Universität Basel abschloß, welche an seine 24 Jahre so hohe wissenschaftliche Ansprüche stellte, daß er weder Zeit noch Muße fand, an Herzensangelegenheiten und Courmachen zu denken.

Mit Basel beginnt nun eine neue Zeit, wo nicht nur an Liebe, sondern besonders auch an Heiraten gedacht werden sollte. Gerade in den ersten Jahren in Basel war er dort sehr gefeiert und in Patrizierkreisen sehr viel eingeladen. Es kam zwar der Krieg 70/71 und seine schwere Erkrankung dazwischen, aber als er wieder so ziemlich hergestellt war, geriet er in einen wirklichen Strudel von Gesellschaften. Es hatte sich allmählich ein Nimbus um ihn gebildet, besonders als er die Vorlesungen über „die Zukunft unserer Bildungsanstalten“ hielt, und er wurde so viel zu Bällen und Gesellschaften eingeladen, daß er sich am Ende des Winters einen neuen Frack anschaffen mußte. Man macht sich von meinem Bruder immer eine ganz falsche Vorstellung. Immer wird er, allerdings nur von solchen, die ihn nicht gekannt haben, als ein düsterer Sonderling geschildert, während alle, die mit ihm zusammen gewesen sind, nicht genug seine Liebenswürdigkeit im Verkehr beschreiben können, und immer wieder versichern, daß er wirklich ein glänzender Gesellschafter gewesen sei. Ein junger Basler Patrizier sagte mir fast ein wenig eifersüchtig, wie sehr die jungen Damen für meinen Bruder schwärmten, ja, ich erhielt sogar bei meinen Besuchen in Basel geheimnisvolle Briefchen, worin mir angedeutet wurde, daß reiche, schöne junge Mädchen aus dem Patriziat begeistert von ihm wären. Ich redete nun meinem Bruder immer eifrig zum Heiraten zu, und er war auch durchaus dazu bereit, wie er auch an Malwida von Meysenbug schrieb, daß der einzige Wunsch, den er noch habe, „eine liebe und gute Frau“ sei. Was ist nun der Grund gewesen, warum mein Bruder nicht zum Heiraten gekommen ist? So muß ich eine Bemerkung zitieren, die ich in einem seiner Notizbücher fand: „Man hat immer etwas Nöthigeres zu thun, als sich zu verheirathen: Himmel, so ist mir's immer gegangen.“ Und das war richtig; gegen seine neuen Gedanken und Bücher traten Herzensangelegenheiten in den Hintergrund. Auch war ihm seine Kurzsichtigkeit hinderlich, so daß er zum Beispiel eine junge Dame aus den oben erwähnten Baseler Kreisen, für welche er sich gerade lebhaft interessierte, in einer größeren Gesellschaft nicht wiederfand – sie aber deshalb meinte, er mache sich nichts aus ihr. So waren schließlich alte Freunde bereit ihm zu helfen, da er aus Mangel an Zeit und der Kurzsichtigkeit wegen diesen Angelegenheiten nicht so viel Zeit und Eifer widmen konnte, wie es wohl zur Vorbereitung einer Heirat notwendig ist. Damit war er auch sehr einverstanden und bat sogar die Freunde, wozu auch ich gehörte, ihm ein wenig behilflich zu sein. In allen seinen Briefen, besonders an Freiherrn von Gersdorff und an mich, ist von den Heiratsprojekten die Rede, die wir ihm vorgeschlagen haben. Auch Richard und Cosima Wagner brüteten über diesem Problem, besonders während eines Besuches des Freiherrn von Gersdorff in Bayreuth; mein Bruder schreibt ihm darüber:

> „Wirklich himmlisch ist der Gedanke, Dich und die Bayreuther in einer Heirats-Überlegungs-Kommission zusammensitzend zu denken! Ja – a–a–aaber! muß ich da doch auch sagen, besonders wenn es auf den Rat hinausläuft, es gäbe viele Weiber, das rechte zu finden sei meine Sache. Soll ich denn wie ein Ritter einen Kreuzzug durch die Welt machen, um nach jenem, von Dir so gelobten Lande zu kommen? Oder meinst Du, daß die Weiber zu mir kämen, zur Musterung, ob sie die rechten wären? Ich finde dies Thema ein wenig unmöglich. Oder beweise das Gegenteil und mache einmal für Dich die Nutzanwendung."

Auch anderweitig versuchte er den Freund zu veranlassen, sich ebenso wie er dem Heiraten zuzuwenden, und er schreibt darüber sehr hübsch:

> „gute Freunde ist eine sehr achtungswerte Erfindung, derenthalben soll das Menschenlos gerühmt werden. Bis jetzt war es die einzige Art, wie wir mit unserm Besten etwas weiter wirkten und weiter lebten, über das Individuum hinaus; gelegentlich müssen wir auch nun unsere andre Schuldigkeit tun und für einen kräftigen geistig-leiblich ebenbürtigen Nachwuchs sorgen."

Bei allem Überlegen blieb er aber immer dabei, daß ihm die Freunde helfen müßten eine Frau zu finden.

Diesen Wunsch hat er wohl auch Fremderen gegenüber ausgesprochen, so daß er im Frühling 1876 bei einem Besuch in Genf von einem neuen Freund zu einem Heiratsantrag beeinflußt wurde. Dieser Freund erzählte ihm begeistert von einer jungen

Dame, als ob sie ganz besonders für meinen Bruder geeignet wäre, so daß mein Bruder nach einem Spaziergang von vier Stunden ihr einen Heiratsantrag machte. Es war übrigens ein reizendes junges Mädchen, das wirklich nach guten und hohen Dingen strebte und ihre Lebensanschauungen in einem Gedicht von Longfellow „Excelsior“ zusammengefaßt hatte. Während sie nun dieses Gedicht, das sie wohl selbst übersetzt hatte, niederschrieb, richtete mein Bruder den folgenden Brief an sie:

> „Mein Fräulein! Sie schreiben heute Abend etwas für mich, ich will auch etwas für Sie schreiben. — Nehmen Sie allen Mut Ihres Herzens zusammen, um vor der Frage nicht zu erschrecken, die ich hiermit an Sie richte: Wollen Sie meine Frau werden? Ich liebe Sie und mir ist es, als ob Sie schon zu mir gehörten. Kein Wort über das Plötzliche meiner Neigung! Wenigstens ist keine Schuld dabei, es braucht also auch nichts entschuldigt zu werden. Aber was ich wissen möchte, ist, ob Sie ebenso empfinden wie ich – daß wir uns überhaupt nicht fremd gewesen sind, keinen Augenblick! Glauben Sie nicht auch daran, daß in einer Verbindung jeder von uns freier und besser werde, als er es vereinzelt werden könnte, also excelsior? Wollen Sie es wagen, mit mir zusammen zu gehen, als mit einem, der recht herzlich nach Befreiung und Besserwerden strebt? Auf allen Pfaden des Lebens und des Denkens?
>
> Nun seien Sie freimütig und halten Sie nichts zurück. Um diesen Brief und meine Anfrage weiß niemand als unser gemeinsamer Freund, Herr v. S. Ich reise morgen um 11 Uhr mit dem Schnellzug nach Basel zurück, ich muß zurück; meine Adresse für Basel lege ich bei. Können Sie auf meine Frage Ja! sagen, so werde ich sofort Ihrer Frau Mutter schreiben, um deren Adresse

ich Sie dann bitten würde. Gewinnen Sie es über sich, sich schnell zu entschließen mit Ja: oder Nein – so trifft mich ein briefliches Wort von Ihnen bis morgen um 10 Uhr, Hôtel garni de la poste. Alles Gute und Segensvolle für immerdar Ihnen wünschend

Friedrich Nietzsche
Genf, den 11. April 1876"

Aber das Herz der jungen Dame war nicht mehr frei und sie hatte sich deshalb über diesen plötzlichen Heiratsantrag sehr erschreckt. Darauf schrieb ihr mein Bruder am 15. April von Basel aus:

„Hochverehrtes Fräulein! Sie sind großmütig genug, mir zu verzeihen, ich fühle es aus der Milde Ihres Briefes heraus, die ich wahrhaftig nicht verdient habe. Ich habe so viel im Gedanken an meine grausame Handlungsweise gelitten, daß ich für diese Milde Ihnen nicht genug dankbar sein kann. Ich will nichts erklären und weiß mich nicht zu rechtfertigen. Nur hätte ich den letzten Wunsch auszusprechen, daß Sie, wenn Sie einmal meinen Namen lesen oder mich selber wiedersehen sollten, nicht nur an den Schrecken denken möchten, den ich Ihnen eingeflößt habe; ich bitte Sie unter allen Umständen daran zu glauben, daß ich gerne gutmachen möchte, was ich böse gemacht habe.

In Verehrung der Ihrige
Friedrich Nietzsche"

Mein Bruder erzählte mir nach seiner Rückkehr nach Basel diese ganze Heiratsangelegenheit ausführlich und ein paar Tage trauerten wir auch miteinander. Bald fingen wir aber an darüber Scherze zu machen. „Fritz", sagte ich, „Deine Heiratsgeschichte ist genau wie damals die Sache mit dem Duell;[2*] Du machst immer alles anders, als andere Leute, immer so plötzlich und ohne Vorbereitung!". – „Ja", meinte er, „ich muß noch immer froh sein, wie gut es abläuft. Schließlich wäre aber eine plötzliche Unvernunfts-Heirat doch noch besser als eine Konventions-Ehe, wovor der Himmel Jeden bewahren möge." Den ganzen Frühling 1876 waren wir in einer sehr vergnügten Stimmung. In dem Leben meines Bruders lag der Hauptakzent allein auf seinen großen geistigen Plänen und Zielen. Da war es ihm unmöglich Liebes- und Heiratsgeschichten so wichtig zu nehmen, wie dies dichterisch veranlagte Männer sonst zu tun pflegen und ich glaube, daß er damals in seinem Herzen recht froh gewesen ist, daß dieser plötzliche Heiratsentschluß so schnell mit einem Korb endete. Zu gleicher Zeit schrieb mir Gersdorff einen geheimnisvollen Brief, „daß er durch Zufall erfahren habe: eine junge schöne Dame liebe und verehre Nietzsche. Da sie sehr wohlhabend sei, so wäre sie sehr umworben und habe Nietzsches wegen schon mehrere Körbe ausgeteilt." Die Botschaft kam zur falschen Zeit, ein Jahr später wäre sie vielleicht sehr willkommen gewesen, denn mein Bruder hatte sich gerade im Mai 1876 allzusehr mit den Schwierigkeiten einer Ehe beschäftigt. Am 26. Mai antwortete er sehr energisch auf Gersdorff's Brief: „Geheiratet

2* Als Frankone wandte sich Nietzsche auf einem Spaziergange und während einer sehr angeregten Unterhaltung an den ihn begleitenden Studenten, ein Mitglied einer anderen Verbindung, mit der nachfolgenden Bitte um eine Mensur: „Sie gefallen mir so gut! Könnten wir nicht miteinander losgehen?" Der andere willigte – sehr überrascht – auf die verbindlichste Weise ein.

wird nicht!", denn inzwischen war ihm das Vorbild der griechischen Philosophen als das erschienen, dem er allein zu folgen habe.

Wenn nun auch mein Bruder in jener Zeit nicht dem Heiraten zugetan war, so hinderte das nicht, daß er sich bald darauf, während der Festspiele in Bayreuth, in eine wunderschöne, liebenswürdige, geistig sehr angeregte und musikalische Französin verliebte. Sie war aber durchaus kein französischer Typus, sondern als Elsässerin mit einer Fülle blonden Haares der Typus einer entzückenden deutschen Frau. Sie war verheiratet und so entwickelte sich diese Liebe und Begeisterung zu einer zarten rührenden Freundschaft. Die im Anhang enthaltenen Briefe sprechen deutlich und anmutig von seinen Empfindungen. Ich bringe hier nur die Worte seines ersten Briefes; die weiteren folgen im zweiten Teil dieses Buches.

„Basel, 20. August 1876

Meine liebe Frau Ott,

> Es wurde dunkel um mich, als Sie Bayreuth verließen, es war mir, als ob jemand das Licht mir weggenommen hätte. Ich mußte mich erst wiederfinden, aber das habe ich getan und Sie können ohne Besorgnis diesen Brief in Ihre Hand nehmen. – – "

Ich muß noch hinzufügen, daß diese Mad. Louise Ott eine wirklich in jeder Hinsicht bezaubernde Frau war, und mein Bruder und ich es oftmals beklagten, daß dieses entzückende Wesen ihm nicht begegnet sei, als sie noch unverheiratet war. –

Trotz dieser Heirats- und Liebesgeschichten des Frühlings und Sommers 1876 konnten die lieben

Freunde es nicht unterlassen, immer wieder mit neuen Heiratsplänen meinem Bruder nahezukommen. Besonders im Winter 1876/77, den mein Bruder in Sorrent mit Frl. Malwida von Meysenbug verlebte, ist über das Heiratskapitel beständig verhandelt worden – allerdings von einem ganz neuen Gesichtspunkt aus, und ich wurde wieder sehr eifrig aufgefordert, mich damit zu beschäftigen, was ich auch meinem Bruder gegenüber sogleich versprach. Er antwortete mir:

> „Nichts Heiteres als Dein Brief, liebste Schwester, der in allen möglichen Punkten den Nagel auf den Kopf traf [......] Der Plan nun, welchen Frl. von Meysenbug als unverrückbar im Auge zu behalten bezeichnet, und an dessen Ausführung Du mir helfen mußt, ist der. Wir überzeugen uns, daß es mit meiner Baseler Universitätsexistenz auf die Dauer nicht gehen kann, daß ich sie höchstens auf Unkosten aller meiner wichtigeren Vorhaben und doch mit totaler Preisgebung meiner Gesundheit durchsetzen könnte. Freilich werde ich den nächsten Winter in diesen Verhältnissen dort noch zubringen müssen, aber Ostern 1878 soll es zu Ende sein, falls die andre Combination gelingt, d. h. die Verheiratung mit einer zu mir passenden, aber notwendig vermöglichen Frau. ‚Gut aber reich', wie Frl. von Meysenbug sagte, über welches ‚aber' wir sehr lachten. Mit dieser würde ich dann die nächsten Jahre in Rom leben: welcher Ort für Gesundheit, Gesellschaft und meine Studien ganz geeignet ist. In diesem Sommer soll nun das Projekt gefördert werden, in der Schweiz, so daß ich im Herbst verheiratet nach Basel käme."

Dieser neue recht komplizierte Heiratsplan stammte also von unserer lieben Idealistin Malwida von Meysenbug und es war bedauerlich, daß die geheimnisvolle

Botschaft von Frhr. von Gersdorff ein Jahr vorher nicht mehr in Frage kommen konnte, denn jene junge Dame, welche „reich und gut" sein sollte, hatte sich inzwischen verheiratet. So wurde ich von Frl. von Meysenbug veranlaßt, mich nach anderen Persönlichkeiten umzusehen, was zu vielen scherzhaften Bemerkungen hüben und drüben Veranlassung gab. Aber niemals ist ein tatsächlicher Versuch gemacht worden, dieses weibliche Wesen zu finden, da die von Frl. von Meysenbug vorgeschlagenen Damen merkwürdig ungeeignet waren. In einem besonderen Fall war die Betreffende so unmöglich, daß ein Freund bemerkte: „auf eine so absurde Idee, dies Wesen zu heiraten, könnte nur eine Idealistin kommen." Daß mein Bruder überhaupt den Plan emsthaft erwogen hat, zeigt das wahrhaft rührende Vertrauen, das er Malwida entgegenbrachte. Jedenfalls muß ich feststellen, daß dieser phantastische Malwida-Plan der letzte gewesen ist und daß späterhin ein Heiratsplan im Leben meines Bruders nicht wieder auftauchte.

Cosima Wagner

Von allen Frauen, die mein Bruder kannte, hat er immer wieder Frau Cosima Wagner als die verehrteste bezeichnet. Törichte Menschen, die von der Persönlichkeit Nietzsches keine Ahnung haben und alles so banal wie möglich auffassen, haben daraus eine alltägliche Liebesgeschichte gemacht. Andere, die besonders fein, psychologisch urteilen wollen, wie zum Beispiel Herr Charles Andler, stellten die Wahrheit auf den Kopf und verraten uns geheimnisvoll, daß die Verehrung meines Bruders sozusagen machiavellistisch gewesen wäre, er habe geglaubt und gehofft, daß Cosima mit ihrem kritischen französischen Verstand und durch ihre außerordentliche Klugheit Wagner umformen würde, gewissermaßen zu Nietzsches eigenen späteren Anschauungen, von welchen aber Cosima damals, als der innige Verkehr zwischen Rich. Wagner und Nietzsche bestand, überhaupt nichts ahnen konnte.

Die Wahrheit ist gerade umgekehrt. Was mein Bruder an Cosima verehrte, war die völlige Überwindung ihrer ganzen bisherigen Anschauungen, die sie Wagner zum Opfer brachte. Sie war von Grund aus katholisch und wurde protestantisch. Sie ließ sich von einem Pfarrer in Luzern sehr sorgfältig im Protestantismus unterrichten. Besonders aber waren es Briefe und Gespräche mit einem Neffen Wagners, Prof. Clemens Brockhaus in Leipzig, die sie dem Protestantismus seelisch näher brachten und wodurch wir ihre tiefreligiöse Auffassung kennen lernen. Allerdings wurde in der Öffentlichkeit für den Übertritt Cosimas vom Katholizismus zum Protestantismus als alleinige Ursache ihr Wunsch betrachtet, ihre katholische Ehe lösen zu können, um Wagner zu heiraten.

Auch als ein weiteres Opfer kann man es durchaus betrachten, wie Cosima ihre französische Erziehung mit allen Vorzügen und Vorurteilen überwand, um mit Wagner ganz deutsch zu werden, sozusagen deutschtümelnd. Wie sie sich in die deutsche Geschichte und Mythologie versenkte und alle ihre großen und feinen Fähigkeiten für die Verbreitung von Wagners Ansichten einstellte, mußte auf jeden, der in Triebschen Wagner und Frau Cosima kennenlernte, einen herzbewegenden Eindruck machen. Sehr wenige haben überhaupt die Triebschener Zeit gekannt und so gut wie mein Bruder: niemand.

Am Sonnabend vor Pfingsten, am 15. Mai 1869, fuhr mein Bruder als ganz junger Professor von Basel nach dem Vierwaldstätter-See. Als er in Luzern ankam, überlegte er, ob er es wohl wagen dürfte, jener Einladung Wagners vom Herbst zuvor, im Hause von Wagners Schwester, Frau Professor Brockhaus in Leipzig, folgen zu dürfen und Triebschen, das Landhaus Richard Wagners, aufzusuchen.

Unschlüssig wanderte er an diesem köstlichen Frühlingsmorgen auf poetischen Wegen dem lieblichen

Triebschen zu, das in einer bezaubernden See- und Gebirgseinsamkeit zu Füßen des Pilatus liegt. Vor dem Landhaus, bereits im Garten, stand er still und hörte einen sich immer wiederholenden, schmerzlichen Akkord; später stellte er fest, daß es jene Stelle aus dem dritten Akt des „Siegfried“ gewesen war: „Verwundet hat mich, der mich erweckt.“ Endlich kam ein Diener und sagte, Herr Wagner arbeite bis 2 Uhr und dürfe nicht gestört werden. Darauf entschloß sich mein Bruder, wenigstens seine Karte abzugeben und wollte sich dann entfernen. Aber der Diener kehrte eilig wieder und fragte, ob der Herr Professor derselbe Herr Nietzsche sei, den Herr Wagner in Leipzig kennengelernt habe, dann ließe er den Herrn dringend bitten, um 2 Uhr zum Mittagessen zu kommen. Leider mußte mein Bruder ablehnen, da er mit einem Kollegen einen Ausflug um den Vierwaldstätter-See herum bestimmt verabredet hatte. Darauf kam eine Einladung für den folgenden Montag, der mein Bruder mit Entzücken folgte, um mit Wagner und Frau Cosima, die er dabei zuerst kennenlernte, den ersten jener köstlichen Tage zu verleben, die nachher das Glück seiner Seele und seine Trösteinsamkeit in Basel wurden.

Die Jahre von Frühling 1869 bis Frühling 72 waren wohl die glücklichsten im Leben meines Bruders: in seiner innigen Verehrung für Wagner’s hohes Genie erhoffte er, daß der Meister den deutschen Bildungsphilister aus seiner Bequemlichkeit aufrütteln und zu höheren Zielen führen würde, und er wollte ihm beistehen. Das ging so weit, daß er seine Professur aufzugeben plante, um in Deutschland umherzufahren und für des verehrten Meisters Pläne zu werben; (was aber Wagner durchaus ablehnte). Immer gedachten wir der Triebschener Zeit mit einer wehmütigen Rührung und ich erinnere mich noch eines Abends – ehe ich mit meinem Mann, Professor Dr. Bernhard Förster in die weite Ferne reiste – an welchem wir der herrlichen Gespräche in Triebschen gedachten, besonders eines Mondscheinabends, wo Wagner, mein Bruder und Cosima so begeistert und eingehend von den zukünftigen Festspielen sprachen und ich lauschen durfte. „Das war einer der köstlichsten Abende, die ich je erlebt habe", rief ich aus. „Ja", sagte mein Bruder leise, „Triebschen, das war die glückselige Insel."

Der damalige Aufenthalt von Frau Cosima v. Bülow mit ihren vier reizenden kleinen Mädchen wurde von meinem Bruder als ein Sommerfrischen-Aufenthalt in Triebschen betrachtet. Wagner aber teilte ihm später den wahren Sachverhalt mit und nun war mein Bruder, wie schon oben erwähnt, ganz durchdrungen von dem ungeheuren Opfer, das Cosima im Widerspruch zu der Sitte dem Genius brachte, um ihm die tapferste, ihn wahrhaft verstehende Gefährtin und beste Beraterin zu sein.

Wagner aber glaubte trotzdem, wie er zu Malwida von Meysenbug sagte, daß Nietzsche, der aus „gewiß drei Generationen der korrektesten Ehen" stammte, an den inkorrekten Verhältnissen in Triebschen innerlich litte, und das war richtig. Mein Bruder wünschte so dringend in seiner unbeschreiblichen Verehrung für Wagner, „in dessen Nähe er sich, wie in der Nähe des Göttlichen fühlte", daß der geliebte

Meister auch in der Öffentlichkeit erhaben und fehlerlos dastehe; die mancherlei boshaften Angriffe, die in der Triebschener Zeit gegen Wagner und besonders gegen Cosima gerichtet wurden, verletzten ihn tief.

Im August 1870, gerade als mein Bruder sich als Krankenwärter auf das Schlachtfeld begeben hatte (als Soldat zu gehen hatte ihm die neutrale Schweiz nicht gestattet), fand nun auch wirklich nach Überwindung aller Schwierigkeiten die Heirat von Wagner und Cosima statt, und es war von beiden Seiten das größte Bedauern, daß mein Bruder nicht als Zeuge dabei sein konnte. Die Nachricht erreichte ihn recht verspätet, erst dann, als er schwer erkrankt, nach seiner Feldzugstätigkeit in Erlangen im Krankenhaus lag. Er schreibt an Wagner:

> „Lieber und verehrter Meister! So ist denn mitten im Ungewitter, Ihr Haus fertig geworden und fest begründet. Ich habe auch in der Ferne dieses Ereignisses immer unter Segenswünschen gedacht und bin sehr beglückt, aus den Zeilen Ihrer von mir so geliebten Frau Gemahlin zu ersehen, daß die Möglichkeit, dieses Fest zu begehen, schließlich doch noch schneller kam, als vielleicht bei unserem letzten Zusammensein, zu argwöhnen war."

Aus diesem Brief meines Bruders ersieht man, wie sehr Wagner und Nietzsche in der Liebe und Verehrung für Cosima eines Sinnes waren. Für Beide war Cosima, die auch Liszt so schön „sa fille admirable" nannte, die ausgezeichnetste Frau, das höchste Ideal, das sich ein Genie als Frau wünschen kann. Beian gesagt: die Frau eines Genies zu sein gehört zu den schwierigsten Aufgaben und im Fall Wagners gewiß ganz besonders.

Gewiß hatte Wagner eine große Liebe und Verehrung für Cosima, aber seine enorme Lebensaufgabe stand doch so sehr im Vordergrund, daß alle Vorkommnisse, wenn sie mit dieser Lebensaufgabe irgendwie zusammenhingen, deshalb im täglichen Leben zu mancherlei Schwierigkeiten wurden, die der Meister durch ungeduldige, bittere Bemerkungen nicht gerade erleichterte. Immer aber blieb Cosima in allen großen Schwierigkeiten die seelisch vornehme Frau, die selbst Ungerechtigkeiten mit Würde und Nachsicht ertrug. Eine weniger vornehm denkende Frau, wie zum Beispiel die erste Frau Wagners, würde diese unfreundlichen, scharfen Bemerkungen (die Wagner nachträglich sehr bedauerte), nicht mit solcher Geduld ertragen haben. Cosima hatte durchaus das richtige Gefühl, daß man einen Genius nicht nach den kleinen Alltäglichkeiten beurteilen darf, sondern allein nach der Kraft und der Sehnsucht des Geistes, mit der er seinen hohen Zielen zustrebt.

Cosima hatte ja in ihrer ersten Ehe mit Hans von Bülow auch schon derartige Erfahrungen gemacht, und deshalb möchte ich hier eine kleine Episode einfügen, die gerade die Aufeinanderfolge von Wagner auf Bülow und das Verhältnis Cosimas zu den beiden Genannten in einem besonderen Licht erscheinen lassen und aus welcher das öfter erwähnte Ariadne-Mißverständnis entstanden ist.

Anfang des Jahres 1872 erschien das erste Buch meines Bruders: „Die Geburt der Tragödie“, in welchem er in seiner Verehrung für Wagner die alte Griechenwelt mit dem Problem Richard Wagner verknüpfte. Er hat es später sehr bedauert, weil daduch so viele Mißverständnisse entstanden sind, was sich sogleich beim Erscheinen des Bandes zeigte. Fast alle Gelehrten wendeten sich dagegen und nur die Künstler, vor allem Hans v. Bülow, der immer einige Exemplare des Buches zum Verschenken bei sich trug, war von höchster Begeisterung für dieses Buch. Im März 1872 machte Hans v. Bülow meinem Bruder seinen ersten Besuch. Das war die Zeit, wo die Freundschaft Richard und Cosima Wagners mit Nietzsche in ihrer höchsten Blüte stand, sodaß der Besuch Bülows, des ersten Gatten von Frau Cosima, für meinen Bruder nicht ohne Peinlichkeiten war. Der Besuch begann auch mit einigen sehr scharfen Bemerkungen Bülows, die meinen Bruder in große Verlegenheit versetzten. Aber Bülow machte alles schnell wieder gut, indem er an Nietzsches Buch anknüpfend sich in die griechische Sagenwelt versetzte und sein Verhältnis zu Wagner und Cosima in dem folgenden Gleichnis schilderte: Cosima war Ariadne, Bülow Theseus und Wagner Dionysos. Wie alle Gleichnisse hinkte auch dieses etwas, denn hier hatte nicht Theseus Ariadne verlassen, sondern die Sache lag umgekehrt. Aber Bülow wollte auch nur durch dieses Gleichnis ausdrücken, daß nach ihm der höhere, der „Gott“ gekommen sei. Mein Bruder hatte große Freude daran, daß Bülow seine Erlebnisse gewissermaßen in's Unpersönliche, in's Mythische erhob und dadurch seinen großzügigen Charakter zeigte, und daß seine Verehrung für Wagner unzerstörbar sei.

Dieses Gleichnis: Theseus, Ariadne, Dionysos kehrt von da an in den Aufzeichnungen meines

Bruders öfters wieder, und eine dieser Aufzeichnungen: „Gespräche auf Naxos" hat schon manchem Nietzsche-Verehrer ein Rätsel aufgegeben, das er nicht zu lösen vermochte. Es ist auch nur für den verständlich, der Bülows mythische Deutung der Tragödie Bülow-Cosima-Wagner kennt. Die Aussprüche der drei Göttlichen sind der Wirklichkeit entnommen, allerdings zuweilen mit vertauschten Rollen; zum Beispiel ist das Wort der Ariadne auf Naxos: „an mir sollen alle Helden zugrunde gehen", in Wirklichkeit der Ausspruch Bülows, der meinen Bruder am Anfang der Unterredung so sehr verletzte: „sie hat mich zugrunde gerichtet, sie wird auch Wagner zugrunde richten", was er nachher durch die mythische Deutung gutzumachen suchte. (In der Aufregung sagte Bülow mehrmals „meine Frau, Cosima Wagner", was trotz des Ernstes der Situation der Komik nicht entbehrte.) Aber das herrliche Wort, das Dionysos von Ariadne sagt: „was ich an ihr liebe, wie könnte das ein anderer lieben?" ist von Wagner selbst gesagt und stammt aus der Zeit, als Cosima noch Frau von Bülow war.

Wenn mein Bruder und ich in vertraulichen Gesprächen damals Cosima öfters Ariadne nannten, so erhob sich doch allmählich dieser Name in den Aufzeichnungen Nietzsches durchaus ins Unpersönliche, Symbolische, Geheimnisvolle, so daß er in späterer Zeit in feierlichem Pathos ausruft: „Wer weiß außer mir, was Ariadne ist!" – Solche, die Nietzsche in tiefster Seele verehren und zu verstehen suchen, finden in dem Schluß eines der Zarathustra-Kapitel eine Antwort. –

Ich habe Cosima nicht nur in Triebschen, sondern mehr noch später, im Jahre 1875 bei einem fünfwöchentlichen Besuch in Haus Wahnfried besonders nahe kennengelernt und vielleicht etwas anders, als alle heute noch Lebenden. Diese kennen sie zumeist als die wundervolle regierende Fürstin von Bayreuth, die nach dem Tode Wagners die Festspiele so glänzend leitete. In meiner Erinnerung steht nun aber das sehr liebe Bild der verehrenden Gattin, der liebenden Mutter und der sorgsamen Hausfrau, das mir damals so zu Herzen ging. Es gab zu dieser Zeit in Wahnfried allerhand Schwierigkeiten, da betrügerische Dienstboten, die sich in Wahnfried sehr viel Herrschaft angemaßt hatten, entfernt werden mußten, und sehr viel neue Einrichtungen und Anordnungen zu treffen waren. Ich stand Cosima ratend und helfend zur Seite, dessen sie sich lebenslang rührend dankbar erinnerte. Du Moulin-Eckart hat einiges von diesen Vorgängen in Wahnfried in seinem Buch „Cosima Wagner" erwähnt, da er Tagebücher von Cosima aus dieser Zeit erhalten hatte.

Dieses ersehnte Bayreuth, das nun Wagners Lebenstraum verwirklichen sollte, war, wie mein Bruder stets behauptete, das Werk Cosimas; „ohne sie wäre Bayreuth nie entstanden und Wagners höchster Traum nie Wirklichkeit geworden". Das wurde in den Jahren von meines Bruders größter Begeisterung für Wagner, Cosima zum höchsten Lob gesagt, später aber nicht mehr, denn Bayreuth war etwas ganz anderes geworden, als wie es sich mein Bruder vorgestellt hatte. Wir haben in einem Notizbuch eine Aufzeichnung gefunden, woraus wir deutlich seine Vorstellung von dem zukünftigen Bayreuth erkennen. „Zukunft von dem Bayreuther Sommer, Vereinigung aller wirklich lebendigen Menschen, Künstler bringen ihre Kunst heran, Schriftsteller ihre Werke zum Vortrage, Reformatoren ihre neuen Ideen. Ein allgemeines Bad der Seelen soll es sein: dort erwacht der neue Genius, dort entfaltet sich ein Reich der Güte."

Es gibt gewiß noch einige, die Bayreuth 1876 erlebt haben; wenn es Idealisten waren, die das Außerordentliche, das Unerhörte erwarteten, so werden sie mit Wehmut daran zurückdenken. Zunächst war der Kreis der Zuhörer und Zuschauer etwas so völlig anderes geworden, als wie man ihn 1872 bei der Grundsteinlegung erlebt und nun für die Zukunft geträumt hatte. Der kleine Kreis, der sich 1872 versammelt hatte, bestand fast nur aus wirklichen Verehrern Wagners, die das tiefste Verständnis für seine Kunst besaßen. Aber was sich 1876 versammelte, war Premierenpublikum und nichts anderes. Die wenigen Idealisten gingen in der Masse verloren und kamen gar nicht zur Geltung. Man muß sich erinnern, daß der Preis für einen Patronatsschein, der zu vier Abendvorstellungen mit Wiederholungen berechtigte, 1000 Mark betrug; in unserm damals noch armen und sehr sparsamen Deutschland war das eine enorme Ausgabe, die sich, wie damals Herr Lindau sagte, „nur ganz verstiegene Idealisten ihren Verhältnissen abringen konnten". Zu diesen „Verstiegenen" gehörte auch ich.

Hier erlaube ich mir die Geschichte von meines Bruders und meinem eigenen Patronatsschein einzuflechten, da Cosima gerade daran viel Vergnügen gehabt hat. Da ich von früher Jugend an ein eigenes kleines Vermögen besaß, über das ich frei verfügen konnte, und stets bereit war, irgendwelche idealistischen Forderungen zu erfüllen, so kaufte ich, als Bayreuth 1873 sehr gefährdet erschien, in jugendlichem Enthusiasmus bei Herrn Emil Heckel in Mannheim für 1000 Mark einen Patronatsschein für meinen Bruder. Ich fand es unbedingt notwendig, daß er als gutes Beispiel Patron wurde und den anderen voranleuchtete. Aber kurz darauf gab Wagner in Hamburg ein großes Konzert und bestimmte einen Teil des Reinertrags dazu, die beiden Professoren Nietzsche und Erwin Rohde zu Patronatsherren zu machen. Er gab in Mannheim einen diesbezüglichen Auftrag. Herr Heckel aber antwortete, Herr Nietzsche wäre schon Patron, da seine Schwester einen Patronatsschein für ihn gekauft hätte. An meinem bald darauffolgenden Geburtstag erhielt ich nun von Wagner einen wirklich reizenden Brief, der mit den schalkhaften Worten begann: „Sie können nicht allein Patrone machen, ich kann es auch.“ Dem Schreiben war ein auf meinen Namen ausgestellter Patronatsschein als Geschenk hinzugefügt. Ich freute mich sehr, war aber doch ziemlich beschämt, daß ich durch meine Voreiligkeit Wagner der Freude beraubt hatte, den geliebten Freund zum Patron zu machen.

Wir waren also beide Patrone und gehörten zu den wenigen Idealisten, die sich damals in Bayreuth versammelten. Dadurch, daß unser lieber Kaiser nach Bayreuth kam, war eine Fülle von Hofleuten auch dorthin gewallt, offiziell, um Wagner ihre Verehrung auszudrücken, in Wahrheit aber des Kaisers wegen und zumeist ohne eine Ahnung von dem hohen Wert von Wagners Kunst. Aber nicht nur der Kaiser, sondern viele andere Fürsten kamen und es versteht sich von selbst, daß diese, wie wir Deutschen nun einmal waren, die Hauptaufmerksamkeit in Anspruch nahmen; und das war recht und begreiflich. In der Bayreuther Zeitung stand, im Stil der damaligen Zeit: „Am Sonntag begaben sich die allerhöchsten Herrschaften in die Kirche, um dem Höchsten ihre Verehrung zu bezeugen." Aber wie gesagt, die allerhöchsten Herrschaften hatten sich damals noch nicht auf Wagners Kunst eingestellt.

Auch der Kreis schöner Frauen, der sich um Liszt sammelte und ihn anschmachtete, verstand nur wenig von der hohen Kunst Richard Wagners. Das Schlimmste aber waren die reichen Leute, die aus den Bädern mit dicken goldenen Uhrketten und Schmuck beladen nach Bayreuth kamen, ahnungslos um was es sich handelte, sich aber so in den Vordergrund drängten, daß selbst die alten, biederen Wagnerianer, die ihre Verehrung mit den Fäusten und dem Werfen von Bierseideln in intimen Wagner-Lokalen ausdrückten, in Wahnfried ganz zurückgedrängt wurden. Sie hatten gehofft, sehr geehrt zu werden, und zwar jeder ganz besonders, was selbst bei dem höchsten Maß der Gerechtigkeit nicht möglich gewesen wäre. Am unzufriedensten aber waren die feinnervigen Künstler und wie ich schon erwähnte, die wirklich hochgeistigen Wagnerverehrer fühlten sich von dieser merkwürdigen Atmosphäre peinlich berührt.

Aus diesem wunderlichen Durcheinander ergab sich schließlich ein allgemeines unzufriedenes Geraune. Die Luft in Bayreuth, ohnehin etwas schwül durch die vielen Liebesaffairen, wurde schwer und drückend von all den gekränkten Eitelkeiten, wozu selbst der Kreis der wahrhaft hervorragenden mitwirkenden Künstler Veranlassung gab, und der Zorn wandte sich nun sehr ungerechterweise gegen Cosima, die doch gerade so viel es möglich war, zu besänftigen suchte. Oft kam sie seufzend zu mir, um von den Besänftigungsfahrten einiges zu erzählen, wobei ich all ihre Geduld und Nachsicht bewunderte. Aber daß Wagner gegen diese Ungerechtigkeiten nicht öffentlich energisch eingriff, empörte meinen Bruder. Was er damals niedergeschrieben hat, konnte man zwei Jahre später in einem seiner Aphorismenbücher: „Menschliches, Allzumenschliches" lesen.

> „Durch Nichts erleichtern bedeutende Frauen ihren Männern, falls diese berühmt und groß sind, das Leben so sehr, als dadurch, daß sie gleichsam das Gefäß der allgemeinen Ungunst und gelegentlichen Verstimmung der übrigen Menschen werden. Die Zeitgenossen pflegen ihren großen Männern viele Fehlgriffe und Narrheiten, ja Handlungen grober Ungerechtigkeit nachzusehen, wenn sie nur jemanden finden, den sie als eigentliches Opfertier zur Erleichterung ihres Gemüts mißhandeln und schlachten dürfen. Nicht selten findet eine Frau den Ehrgeiz in sich, sich zu dieser Opferung anzubieten, und dann kann freilich der Mann sehr zufrieden sein, – falls er nämlich Egoist genug ist, um sich einen solchen freiwilligen Blitz-, Sturm- und Regenableiter in seiner Nähe gefallen zu lassen."

Man sieht, daß mein Bruder nach wie vor durchdrungen war von Bewunderung für Cosimas hingebende Aufopferung für Wagners Pläne. Eine Notizbuchbemerkung zeigt das besonders deutlich:

> „Vom Geiste der Frauen. – Die geistige Kraft einer Frau wird am besten dadurch bewiesen, daß sie aus Liebe zu einem Manne und dessen Geiste ihren eigenen zum Opfer bringt und daß trotzdem ihr auf dem neuen, ihrer Natur ursprünglich fremden Gebiete, wohin die Sinnesart des Mannes sie drängt, sofort ein zweiter Geist nachwächst."

Jetzt aber grollte er Wagner, denn ach, der Meister war nicht mehr wie in Triebschen der Gott, dem gegenüber auch das schwerste Opfer gerechtfertigt war.

Mein Bruder verließ Bayreuth in schmerzlichster Enttäuschung: er hatte die Verwirklichung seiner Vorstellung der Festspiele dort nicht gefunden; auch die Musik des „Ring des Nibelungen" besaß nicht jenen dionysischen Rausch und Zauber, den er nach Tristan erwartet hatte, obgleich er die Aufführung der ausgezeichneten Künstler wegen als ersten Ranges bezeichnete.

Nach 1876 folgten lange Jahre der Ruhe in Bayreuth, ehe wieder das unruhige Theatertreiben begann und Geld wieder vorhanden war, neue Pläne auszuführen. Wer damals die Familie Wagner in Bayreuth und vorzüglich in Italien besuchte, hat das liebenswürdigste Bild einer glücklichen Familie in seiner Erinnerung davongetragen. Cosima war immer die liebevollste Mutter für ihre Kinder, vielleicht gerade deshalb, weil sie zärtliche Mutterliebe in ihrer Jugend nicht gekannt hatte; sie wurde mit ihrer Schwester (später die Frau des Ministers Olivier) und ihrem Bruder Daniel bei der Großmutter, der Mutter von Liszt, in Paris erzogen. Die Mutter, die Gräfin d'Agoult, hatte sich schon längst von Liszt getrennt, lebte in einem großen Kreis von Schriftstellern und Künstlern und sah ihre Kinder nur selten und im Geheimen.

Von dieser schönen, ruhigen Zeit zwischen den Aufführungen des Ring des Nibelungen 1876 und der Aufführung des Parsifal 1882 in Bayreuth hat mein Bruder nichts miterlebt, denn nach dem Erscheinen des Buches: „Menschliches, Allzumenschliches" 1878, das im Hause Wahnfried sehr verletzte, zerriß das Band zwischen den beiden Freunden Wagner und Nietzsche, die sich so geliebt hatten, und die sich trotz aller äußerlichen Feindschaft bis ans Ende ihres Lebens geliebt haben. Aber „die allmächtige Gewalt ihrer Aufgabe" riß sie auseinander, was beide als unüberwindliches Schicksal empfanden.

Was Wagner in der Tiefe über die verlorene Freundschaft Nietzsches empfunden hat, ist im allgemeinen verborgen geblieben, nur ich habe ein Wort von ihm darüber gehört, das etwas von seinem innersten Empfinden verriet. Als ich 1882 zum Parsifal nach Bayreuth kam, bat mich Wagner herzlich um eine besondere Unterredung. Wir sprachen zunächst über den Parsifal, als ich mich aber verabschiedete, bemerkte Wagner leise mit zitternder Stimme: „Bitte, sagen Sie es Ihrem Bruder, seit er von mir gegangen ist, bin ich allein." Das sagte Wagner ein halbes Jahr vor seinem Tode, in jener Zeit des höchsten Ruhmes, den er erlebt hat, umgeben von einer Welt ehrerbietiger Bewunderung.

Von meinem Bruder findet man in seinen Niederschriften bis über das Erscheinen des „Fall Wagner“ hinaus, unter anderen ergreifenden Bemerkungen über sein Verhältnis zu Wagner, die folgende: „Ich habe ihn geliebt und sonst niemand.“

Der Tod Wagners 1883 war für meinen Bruder eine tiefe Erschütterung; aber er dachte zuerst an Cosima's unbeschreiblichen Schmerz und schrieb ihr in tiefer Ergriffenheit:

> „Sie haben es sich früher nicht verwehrt, in ernsten Lagen auch meine Stimme zu hören: und eben jetzt, wo mich die erste Nachricht ereilt, daß Sie das Ernsteste erlebt haben, weiß ich mein Gefühl nicht anders auszuschütten, als indem ich ganz an Sie und nur an Sie allein es richte. Nicht was Sie verlieren, sondern was Sie jetzt besitzen, steht mir vor der Seele: und es wird wenig Menschen geben, die mit einem so tiefen Gefühl sagen können ‚So war es Alles meine Pflicht, was ich um diesen Einen tat, und nichts mehr, – es war auch mein ganzer Lohn‘.
>
> Sie haben einem Ziele gelebt und ihm jedes Opfer gebracht; und über die Liebe jenes Menschen hinaus erfaßten Sie das Höchste, was seine Liebe und sein Hoffen erdachte: dem dienten Sie, dem gehören Sie und Ihr Name für immerdar, – dem, was nicht mit einem Menschen stirbt, ob es schon in ihm geboren wurde. Wenige wollen so etwas: und von den Wenigen – wer kann es so wie Sie!
>
> So sehe ich heute auf Sie, und so sah ich, wenngleich aus großer Ferne, immer auf Sie, als auf die bestverehrte Frau, die es <in> meinem Herzen giebt.“

Ich glaube dieser Brief faßt alles zusammen, was ich hier erzählt habe, warum und wie tief mein Bruder Cosima verehrt hat und was er von ihr erwartete.

Zuerst brach Cosima unter dem ungeheuren Schmerz zusammen; aber wie sie sich dann aufraffte und einsah, daß das Leben von ihr die Erfüllung einer großen und wichtigsten Aufgabe in Wagners Sinn forderte, war sie wiederum bewunderungswürdig. Sie ergriff Wagners Erbe und versuchte mit fast männlicher Kraft und prachtvoll weiblich-repräsentativer Würde die Festspiele von Bayreuth durchzusetzen. Viele Jahre hindurch, bis zum Krieg, waren diese Festspiele unter ihrer Leitung ein Glanzpunkt für Deutschland und ein Wallfahrtsort für die gesamte kulturelle Welt des Geistes und der Kunst.

Ich habe hier versucht das Leben Cosimas zu skizzieren, aber nur so weit als es mit Richard Wagner verbunden war, aber zum Schluß möchte ich nochmals meine innige Liebe zu ihr erwähnen, die selbst nicht dadurch erschüttert wurde, als ich erfuhr, daß sie die an Wagner und sie selbst gerichteten 92 wundervollen Briefe Nietzsches vernichtet hatte. (Nur durch Zufall sind einige, ganz wenige in der ersten Niederschrift erhalten.) Aber selbst diese Handlungsweise lag so vollkommen in ihrem Charakter: so lange Nietzsche Apostel für Wagner war, wurde alles, was er schrieb und dachte, hoch geachtet. Von dem Augenblick an, wo das Apostelamt aus dem Leben meines Bruders verschwand, wurde er nur als eine ganz „passagere Erscheinung“ im Leben Wagners von ihr erwähnt, als ob die folgenden schönen Worte Wagners, in einem Brief an meinen Bruder nicht existierten: „Genau genommen sind Sie, nach meiner Frau, der einzige Gewinn, den mir das Leben zugeführt."

Ich war über den Verlust der Briefe meines Bruders an Wagner, die Wagner selbst mir gegenüber als die besten bezeichnete, die er je im Leben erhalten habe, eine Zeitlang sehr gekränkt. Aber meine Liebe und Wert schätzung für Cosima war doch zu stark, als daß ich nicht begriffen hätte, wie einseitig gerade bedeutende Frauen in ihrer verehrenden Liebe sind und sein müssen, so daß Nietzsche in Cosimas Augen vollständig verschwand, als er nicht mehr dem großen Ziele diente, dem sie ihr ganzes Leben bis ins höchste Alter gewidmet hatte.

Dann ist sie aber der Welt und all des unruhigen Treibens müde geworden und hat sich in Einsamkeit und Stille zurückgezogen, denn sie hatte das Glück, daß ihre geliebten Kinder Wagners und ihre eigenen Wünsche so vollkommen erfüllten, daß sie nun von ihrem Werke ausruhen konnte. In dieser feierlichen Stille und Zurückgezogenheit erlebte sie am 25. Dezember 1928 ihren 90. Geburtstag, aber nicht mehr in voller Geistesfrische, sondern in einem, wie mir es beschrieben worden ist, rührenden Traumzustand, in welchem ihre französische Jugend wieder auftauchte, so daß sie fast immer französisch sprach und Gedichte, die sie in ihrer frühen Jugend auswendig gelernt hatte, zum Beispiel solche von Victor Hugo rezitierte. Sie starb am 1. April 1930, innigst verehrt von allen, die sie jemals gekannt hatten, als die wundervolle Verkörperung der idealsten Frau, die uns das 19. Jahrhundert geschenkt hat.

Hilfreiche Frauen

Bis jetzt ist in meinen eigenen Büchern und denen von anderen Leuten viel zu wenig von der ausgezeichneten Frau Marie Baumgartner die Rede gewesen. Mein Bruder kam mit ihr im Herbst 1874 in Berührung durch einen warm empfundenen Brief, den sie ihm nach Erscheinen des Buches: „Schopenhauer als Erzieher“ schickte. Sie war die Frau eines Großindustriellen in Lörrach, Elsässerin von Geburt und deshalb mit den beiden Sprachen Deutsch und Französisch auf die natürlichste Weise vertraut. Sie hatte sich schon längere Zeit, ehe sie meinen Bruder persönlich kennen lernte, mit den Schriften Nietzsches eifrig beschäftigt und war dabei gewissermaßen persönlich interessiert, da ihr Sohn ein Schüler Nietzsches erst im Pädagogium und später an der Universität Basel war. Von Anfang an hat sie Nietzsche ein tiefgehendes Verständnis bewiesen und ich darf wohl sagen, daß sie die einzige von den sehr wenigen Frauen gewesen ist, die ihm stets vor und nach der geistigen Erkrankung eine nicht zu erschütternde tiefe Verehrung und Verständnis für seine Werke und seine Persönlichkeit bewahrt und gezeigt hat. Mein Bruder hatte auch durchaus das Gefühl, daß sie eine von den wenigen sei, auf die man sich verlassen könne. Welche Ausnahme Frau Baumgartner gerade in dieser Hinsicht gewesen ist, habe ich erst in späterer Zeit erfahren, als ich 1895 nach Basel kam und sie die einzige war, die nach der Erkrankung treu zu Nietzsche hielt, all den heimlichen Kämpfen von Prof. Overbeck und Frau gegenüber, welche die hohe geistige und persönliche Wertschätzung, die mein Bruder in Basel genossen hatte, so viel wie möglich zu vermindern suchten.

Frau Baumgartner hatte meinen Bruder in den verschiedensten Zeiten näher kennen gelernt, und zwar zuerst durch die Übersetzung jenes von ihr so verehrten Buches: „Schopenhauer als Erzieher" ins Französische. Die einzelnen Etappen dieser Übersetzung wurden von meinem Bruder eifrig verfolgt und es gab dabei sehr erheiternde Zwischenfälle und kleine Mißverständnisse, wie man aus den Nietzsche-Briefen an Frau Baumgartner noch heute ersehen kann. Und immer wieder zeigte sich große Bewunderung meines Bruders, wie fein sie seine Gedanken französisch ausdrücke. Doch ist die Übersetzung von „Schopenhauer als Erzieher" leider nicht im Druck erschienen; sie wurde aber im Manuskript von meinem Bruder und seinen Freunden gelesen und sehr gerühmt.

Nach dem Erscheinen der IV. „Unzeitgemäßen Betrachtung": „Richard Wagner in Bayreuth", machte sie sich wieder mit großem Eifer an die Übersetzung dieses Buches, denn immer war sie bemüht, Nietzsche in seinen geistigen Interessen zu folgen. Der Druck dieser zweiten Übersetzung kam sehr schnell zustande, da der Verlag Schmeitzner offenbar durch seine französischen Beziehungen zu dem Glauben gekommen war, daß schon der Titel: „Richard Wagner in Bayreuth“ in Frankreich ein außerordentliches Interesse hervorrufen würde. Doch gab es auch da allerhand Zwischenfälle, aber endlich langte ein Exemplar bei meinem Bruder an, der den Winter 1876/77, wie schon an anderer Stelle erwähnt, in Sorrent mit Fräulein von Meysenbug verbrachte, und erregte die innigste Freude, wovon sein Brief vom 2. Februar 1877 der beste Beweis ist:

> „*Verehrteste Frau,*
>
> was für eine Freude haben Sie mir, und uns Allen gemacht! Wir können uns gar nicht darüber beruhigen, wie gut die Übersetzung gelungen ist; Fräulein von Meysenbug meinte immer wieder, es klinge als ob man einen der besten französischen Autoren höre, und ich selber bin fast überzeugt, daß die Übersetzung besser verstanden wird als das Original; ja wir Alle meinen, vielleicht sei Schmeitzner sehr klug gewesen: der Dampfer der Übersetzung nehme das etwas schwerfällige Lastschiff des Originals in's Schlepptau. Es ist eine wirklich artistische Leistung, so daß ich mich über mein Glück, einer solchen Übersetzerin und Sprachbildnerin zu begegnen, nicht genug wundern kann; die Vereinigung von größter Deutlichkeit mit Schönheit und Zartgefühl des Ausdrucks ist gewiß etwas Seltenes. Es war so leicht, meine Gedanken in einer fremden Sprache noch zu verdunkeln; in der Tat, ich fürchtete immer etwas die pathetische Rhetorik des modernen Französisch. Aber Ihnen ist es gelungen, mich zu erhellen, das macht mich sehr froh.“

Diese begeisterte Kritik der Übersetzung der Frau Baumgartner war allerdings sehr übertrieben und ist nur dadurch erklärlich, daß mein Bruder und auch Fräulein von Meysenbug ihr innigstes Verständnis Nietzescher Gedanken in die Übersetzung hineinlegten und deshalb manches heraushörten, was andere nicht darin finden konnten.

Man sieht aber aus diesen Worten, wie hoch mein Bruder Frau Baumgartner nicht nur als Charakter, sondern auch als geistige Kraft bewertete. Weiterhin kann man aus diesem Beispiel sehen, wie hoch mein Bruder die Werke seiner Freunde schätzte und wie sehr er in diesem Gefühl der Freundschaft alles, was sie hervorbrachten, weit überschätzte. Das wahrhaft Rührende bei dieser hochbegabten Frau war, daß sie merkwürdig wenig persönliche Eitelkeit besaß. Alles, was sie tat, geschah nur in dem Wunsch meinem Bruder beizustehen, und sie hat dies auch in den verschiedensten Zeiten, als ich nicht in Basel bei meinem Bruder war, in rührender Weise bewiesen. Besonders aber auch in Hinsicht von Abschriften seiner Manuskripte. Zu „Menschliches-Allzumenschliches" hatte Peter Gast die erste Niederschrift gemacht. Als mein Bruder diese Arbeit später prüfte, wozu dann neue dazukamen, erbot Frau Baumgartner sich mit großem Eifer, das Druckmanuskript für das neue, zu erscheinende Werk zu schreiben. Der II. Teil von „Menschliches-Allzumenschliches", der damals „Vermischte Meinungen und Sprüche" hieß, wäre ohne die tatkräftige Hilfe von Frau Baumgartner nicht erschienen. Was ich ihr aber am höchsten anrechne, ist, daß sie meinem Bruder die Treue hielt, als er nach seiner Erkrankung überall angegriffen wurde und sich nicht mehr verteidigen konnte. Sie hat mir in diesem Gefühl der unerschütterlichen Treue ein außerordentliches Vertrauen erwiesen und mir sämtliche an sie gerichtete Briefe meines Bruders geschenkt. Ich wollte dieses große Geschenk durchaus nicht annehmen, da diese Briefe meinem Empfinden nach ihrem Sohn gehörten. Aber da kam der tiefe Schmerz der trefflichen Frau zutage. Ihr einziges Kind, der Sohn Adolf, der früher der aufrichtigste Verehrer Nietzsches gewesen war, hatte sich inzwischen sehr verändert und war allein durch den Einfluß des Hauses Overbeck in seiner Verehrung Nietzsche untreu geworden. „Ich kann ihm die Briefe nicht überlassen", sagte Frau Baumgartner, „denn er würde sie ins Haus Overbeck tragen und dort wird alles, was Nietzsche betrifft, meiner Erfahrung nach verdreht und verfälscht. Sie aber", fügte Frau Baumgartner sich speziell an mich wendend hinzu – „davon bin ich überzeugt – bringen jedes Wort und jede Erinnerung genau der Wahrheit gemäß." Ich muß sogar betonen, sie sagte „peinlich genau" und fügte die Erzählung einer ihrer persönlichen Erfahrungen hinzu, die mir nicht mehr erinnerlich war. Ich muß hinzufügen, daß sie Overbeck selbst nicht die Hauptschuld für seine empörende Handlungsweise und die Stellung des Hauses Overbeck zu Nietzsche zumaß. Sie glaubte in der Tat, daß Frau Overbeck der eigentliche Feind sei, da sie die Vertrauensstellung ersehnt hatte, die mein Bruder mir gegeben hat und die sie nicht erreichte. Die Nietzsche wirklich befreundet Gebliebenen waren durchaus der gleichen Ansicht. Geheimrat Prof. Dr. Erwin Rohde, der später sehr unglücklich war, daß Overbeck ihn in seiner Nietzsche-Verehrung ganz irre gemacht hätte, schrieb mir im Frühling 1894 über Overbecks spätere sonderbare Haltung meinem Bruder und mir gegenüber: „Overbeck's Verhalten, über das Sie sich mit Recht beklagen, ist mir nach seinen Notizen nicht verständlich. Ich will nächstens einmal ihn brieflich darüber coramieren. Vielleicht, oder einfach wahrscheinlich, steckt Overbecks Frau mit dahinter, ein mir außerordentlich unangenehmes Wesen, das es darauf angelegt hat, Overbeck (den sie stark beeinflußt), von all seinen alten Freunden und Neigungen abzudrängen, und zu demselben sauren Nihilismus hinüberzuziehen, der ihr eigenes Wesen ausmacht." – Über diesen unglücklichen Einfluß von Frau Overbeck auf ihren Mann wäre noch sehr viel Schmerzliches zu sagen.

Ich möchte also an die Spitze der helfenden Frauen, die meinem Bruder manche Liebenswürdigkeit tatkräftig erwiesen haben, die treueste Seele, Frau Marie Baumgartner stellen. Aber sie ist nicht die einzige; da war zum Beispiel auch Frau Röder-Wiederhold, die im Sommer 1835 sich in Sils-Maria sehr eifrig und liebenswürdig Nietzsche anbot, nach Diktat zu schreiben, was er auch sehr gern annahm, obgleich er mit Recht ein wenig bedenklich war. Mein Bruder hatte nämlich ein außerordentliches Zartgefühl für die Empfindungen der Leute, denen er diktierte, zum Beispiel hat er mir verhältnismäßig wenig diktiert, weil unsere liebe Mutter ihn sehr ernstlich gebeten hatte, meine überlieferten religiösen und anderen Anschauungen nicht zu erschüttern. Nun fühlte er sich beim Diktieren etwas geniert, ob nicht darin etwas Verletzendes gegen diese überlieferten Anschauungen enthalten sein könnte. Er wußte, wie eifrig ich seine Bücher las und dachte da gar nicht mehr daran, ob ich zu dem Lesen geeignet war. Aber beim Diktieren erinnerte er sich mit zarter Rücksicht der Wünsche unserer Mutter.

Ich glaube nun, daß bei dem Diktat der ersten Niederschriften von: „Jenseits von Gut und Böse" an Frau Röder-Wiederhold sich mein Bruder nicht ganz frei und wohl gefühlt hat; sie aber, glaube ich, auch nicht, denn Frau Röder-Wiederhold war eine leidenschaftliche Demokratin und mein Bruder meinte, daß sie „allzusehr mit dem Blute von 1848 getauft wäre".

Auch eine Reihe anderer junger und älterer Damen erboten sich gelegentlich ihm vorzulesen und Abschriften zu machen, zum Beispiel Fräulein von Schirnhofer und Fräulein Meta von Salis. Für beide junge Damen, trotzdem sie zu den „Emanzipierten" gehörten, hatte mein Bruder eine große Wertschätzung und lebhafte Sympathie. Ich möchte besonders Fräulein Meta von Salis hervorheben, die sich wirklich als Freundin meines Bruders vor und nach seiner Erkrankung gezeigt hat. Ihre etwas steife schweizerische Art und Weise, verbunden mit ihrem guten Verständnis für Nietzsche's Schriften, war meinem Bruder sehr sympathisch und ich glaube, er hat mit ihr so viele gute und wichtige Gespräche gehabt, daß sie nach seiner Erkrankung aus ihren persönlichen Erinnerungen heraus das sehr lesenswerte Buch über Nietzsche: „Philosoph und Edelmensch" schreiben konnte. Rührend ist mir auch in der Erinnerung, daß sie, als sie davon hörte, mein Bruder müsse den Druck aller seiner Schriften beim Verleger selbst bezahlen, ihm – offenbar kurz vor seiner Erkrankung – einen 1000-Francs-Schein dazu sandte. Dieser Schein fand sich noch unverbraucht nach seiner Erkrankung in seinen Papieren und natürlich habe ich ihn ihr später, als ich davon hörte, mit wärmstem Dank zurückgeschickt. Auch dem Nietzsche-Archiv hat Fräulein von Salis bei dessen Begründung treulich beigestanden und zu meinem aufrichtigen Schmerz ist es dabei zu einem Zerwürfnis zwischen ihr und mir gekommen, wie ich aber jetzt, nach langen Jahren deutlich sehe, allein durch falsche und unrichtige Mitteilungen, die mir von ihrer späteren Stellung zu Nietzsche aus Basel gemacht wurden. In Basel hatte sich, wie schon erwähnt, durch das Haus Overbeck ein Zentrum gebildet, das dem Nietzsche-Archiv und mir so viel Schmerz und Kummer wie möglich bereiten wollte. Der dringende, eifrig verfolgte Wunsch war, das Nietzsche-Archiv zu vernichten, und daß ihm das nicht gelang, ist mir immer als ein besonders deutliches Beispiel erschienen, daß der schlichten Wahrheit, einem unerschütterlichen Glauben und starken Wollen gegenüber Unverstand und böser Wille machtlos sind. –

Malwida von Meysenbug

Eine der verehrungswürdigsten und sympathischsten Frauengestalten des 19. Jahrhunderts ist Malwida von Meysenbug, und ich möchte versuchen, hier, in dieser Skizze wieder gut zu machen, was man mir nach meinen früheren Veröffentlichungen vorgeworfen hat. Man hat mir gesagt: ich wäre Malwida nicht gerecht geworden, worüber ich ganz erstaunt war, denn in meinem Herzen habe ich sie immer so hochgestellt und ihr einen Altar der Verehrung errichtet. Nun prüfte ich meine früheren Veröffentlichungen und gebe zu, daß gerade die warmen Herzenstöne fehlen, die meine Empfindung für Malwida ausdrücken würden. Ich fragte mich nun, wie kam es, daß ich mich so kühl ausgedrückt und nicht genugsam hervorgehoben habe, wie herzlich das Verhältnis zwischen meinem Bruder und Malwida gewesen ist. Da blickte ich nun auf die Jahre zurück, wo ich den Briefwechsel meines Bruders mit Frl. von Meysenbug veröffentlicht habe und das war gerade die Zeit, als ich unter dem Einfluß meiner besten Herausgeber und Mitarbeiter, Prof. Holzer und Peter Gast stand. Diese beiden Herren nun, da sie Malwida nicht persönlich kannten, brachten ihr keine günstige Meinung entgegen. Sie hatten allerlei

Niederschriften meines Bruders gefunden, die sich auf die Angelegenheiten von Frh. von Gersdorff und dessen fatale Liebesgeschichte mit einer Italienerin, besonders aber auf die Rée-Lou-Affaire bezogen, und sie machten danach der lieben, edlen Malwida allerhand ungerechte Vorwürfe, daß sie durch ihren Mangel an Menschenkenntnis gerade als Idealistin ihren besten Freunden große Schwierigkeiten bereitet hätte. Wer aber Malwida wirklich gekannt hat, der empfindet gerade bei diesen idealistischen Mißgriffen eine tiefe Rührung und sieht daraus, welchen Irrtümern wir mit unsern besten Absichten ausgesetzt sind, wenn wir die Wirklichkeit mit idealistischen Phantasien mißverstehen.

Habe ich mich damals zu kühl ausgedrückt, so will ich in der gegenwärtigen Skizze versuchen, etwas von dem wahren Bild dieser lieben ausgezeichneten Frau zu bringen. Was sie mir in den letzten Jahren so besonders nahe gebracht und lebendig ihr Bild vor meine Seele gestellt hat, das ist die Veröffentlichung ihrer Briefe an ihre Pflegetochter, Frau Prof. Olga Monod, geb. Herzen, die Frl. Bertha Schleicher unter dem Titel: „Im Anfang war die Liebe" mit großem Feingefühl aus einer Überfülle von Material ausgewählt und veröffentlicht hat. Dieses Buch gibt das beste Urteil über Malwida von Meysenbug; hier kommt ihre reiche, nach den höchsten Zielen strebende Seele in voller Natürlichkeit und Wärme der Empfindung zum Ausdruck und ich fühle das Urteil meines Bruders so voll berechtigt, daß er gerade das Mütterliche in dieser unverheirateten Frau so stark betont hat und aus ihren „Memoiren einer Idealistin"als stärkstes agens herausfühlte.

Mein Bruder lernte Malwida von Meysenbug bei der Grundsteinlegung des Festspielhauses in Bayreuth, Mai 1872 kennen, nachdem sie beide durch Richard und Cosima Wagner schon sehr viel voneinander gehört hatten. In ihrem Buch „Individualitäten“schildert Malwida sehr anmutig dieses erste Kennenlernen: „Im Jahre 1872 in Florenz lebend, wurde ich von Frau Cosima Wagner auf eine Schrift aufmerksam gemacht, die soeben erschienen war und von einem jungen Professor in Basel herrührte, welcher mit der am Luzerner-See lebenden Familie Wagner innig befreundet war. Die Schrift führte den Titel: ‚Die Geburt der Tragödie aus dem Geiste der Musik‘, der Verfasser hieß Friedrich Nietzsche. Es befand sich gerade damals ein kleiner Kreis bedeutender Menschen um mich. Wir lasen diese Schrift zusammen und waren alle gleich davon begeistert. Die Beleuchtung der zwei Grundelemente des griechischen Lebens, welche der Verfasser mit dem Namen: Dionysisches und Apollinisches bezeichnete, erschloß eine Fülle von geistvollen Gedanken darüber, wie das Wesen der Welt ‚an sich‘, das Dionysische, dessen Ursprache die Musik ist, aus der Schönheit der apollinischen Erscheinung das Kunstwerk der Tragödie erzeugt. Wir erfuhren zugleich, daß Nietzsche, ein grundgelehrter Philologe, schon als ganz junger Mann von dem ihn hochschätzenden, berühmten Professor Ritschl als ordentlicher Professor an die Universität Basel empfohlen worden sei. Was uns alle aber noch mehr anzog, als die Gelehrsamkeit des gründlich mit dem Altertum Vertrauten, war die Geistesfülle und Poesie in der Auffassung, das erratende Auge des dichterischen Menschen, welcher die innere Wahrheit der Dinge mit seherischem Blicke begreift, da, wo der pedantische Buchstabengelehrte nur die äußere Schale faßt und für das Wesentliche hält. Mit wahrer Wonne erfüllte der Gedanke, eine so herrliche, zugleich wissenschaftlich wie schöpferisch hochbegabte junge Persönlichkeit neben dem Werke zu wissen, welches sich in Bayreuth vorbereitete, wohin Richard Wagner eben nach dem beendigten Kriege übersiedelt war. Zur Zeit der Grundsteinlegung des Theaters in Bayreuth ging ich dorthin. Die Aufführung der Neunten Symphonie Beethovens durch ein ausgesuchtes Künstlerorchester, von Wagner dirigiert (eine Aufführung, wie sie in solcher Vollendung nicht leicht wieder gehört werden wird), vereinigte schon in den Proben die besonderen Gäste Wagners in der großen markgräflichen Loge des alten anmutigen Rokoko-Theaters in Bayreuth. In einer Pause der Generalprobe kam Frau Wagner mit einem jungen Manne auf mich zu und sagte, sie wolle mir Herrn Nietzsche vorstellen. ‚Wie, der Nietzsche?' rief ich voll Freude. Beide lachten und Frau Wagner sagte: ‚Ja, der Nietzsche.' Und nun gesellte sich zu jenem bedeutenden Geistesbild der Eindruck einer jugendlich schönen, liebenswürdigen Persönlichkeit, mit der sich schnell ein herzliches Verstehen einstellte.

Dieses Verstehen und Mitempfinden beruhte zunächst auf der gleichen tiefen Verehrung für Richard Wagner, seiner Kunst und den so weitreichenden erhabenen Gedankengängen, die sie umgab. Aber von

Anfang an wird wohl im tiefsten Grunde von beiden Seiten mancherlei mißverstanden worden sein, denn Malwida, die so innig mit den Vorgängen und Vorstellungen von 1848 verbunden war, und mein Bruder, der von Kindheit an jene Vorgänge stets mit Mißtrauen betrachtet hatte, waren sicherlich, was politische und soziale Ansichten betrifft, ziemlich entgegengesetzter Meinung. Mein Bruder war aber von früher Jugend an gewöhnt, die Vorstellungen älterer Frauen mit Ehrerbietung und Rücksicht und jedenfalls als das Resultat einer Zeitbewegung zu betrachten, in welche sie durch irgendwelchen Zufall hineingestellt worden waren.

Malwida von Meysenbug war 1816 in Kassel geboren, als die Tochter Philippe Rivalier's, der durch den Kurfürsten Wilhelm I. von Hessen-Kassel zu dessen Hofmarschall und zu einem Freiherrn von Meysenbug gemacht worden war. Ihre Mutter Johanna, geb. Hansel, soll eine ausgezeichnete Frau gewesen sein. Sie zog später mit den Kindern nach Detmold, da der Vater mit dem Kurfürsten von Hessen nach dessen Abdankung sehr viel auf Reisen war. Durch die Liebe zu einem Dr. Althaus wurde Malwida, echt weiblich, in Vorstellungskreise hineingezogen, die der Stellung ihres Vaters entgegengesetzt waren. Es war ergreifend, Malwida noch im späteren Alter von dieser Jugendliebe und ihren damaligen politischen und sozialen Idealen, die sie von ihrer Familie und deren ganzem Freundeskreis trennten, sprechen zu hören. In ihrer Begeisterung für die Sache, die der Geliebte vertrat, war sie auch noch nach seinem Tode vielfach mit revolutionären

Kreisen in enge Beziehung getreten, sodaß sie am 25. Mai 1852 aus Berlin ausgewiesen wurde und sich über Hamburg nach London begab. Dort lebte sie in dem internationalen Kreise der großen Revolutionäre der damaligen Zeit und lernte dabei auch Alexander Herzen kennen, dem sie nach dem Tode seiner Frau auf das treulichste in der Erziehung der Kinder beistand. Darin hat sie schließlich auch Ziel, Zweck und Glück ihres Lebens gefunden. Das jüngste Töchterchen Herzen's, Olga, hatte mit ihrem Liebreiz und ihrer Anhänglichkeit von Anfang an ihr ganzes Herz erfüllt. Im Jahre 1861, als das Kind mutterlos war, wurde es ihr als Pflegetochter übergeben, was sie unbeschreiblich glücklich gemacht hat. Von da an war ihr Leben vollständig dadurch ausgefüllt, diesem Kind diebeste Mutter zu sein. Sie hat alle Freuden einer glücklichen Mutter, ja Großmutter genossen, denn auch die Kinder ihrer Pflegetochter betrachteten sie mit inniger Liebe als Großmütterchen. Sie wurde von ihnen „Mou-mou" genannt.

Gerade das Verhältnis Malwida's zu dieser holden Pflegetochter hat für mich immer etwas Herzbewegendes gehabt. Malwida wurde nämlich in der damaligen Zeit als wichtigste Vorkämpferin der Frauenemanzipations-Bewegung betrachtet. Und sie betrachtete sich selbst so, und wenn man sie mit einem der Exemplare der damals aufsteigenden Emanzipierten reden hörte, so hatte man durchaus die Vorstellung, daß sie die extremen Ansichten der Bewegung mitempfand und mit Energie verteidigte, vorzüglich auch bei der Erziehung des weiblichen Geschlechts in Hinsicht auf Selbständigkeit, wissenschaftlichen und politischen Unterricht von frühester Jugend an. Aber nun kommt das Rührende! Die liebreizende Pflegetochter Olga war durchaus in den Ansichten des Kreises, aus dem Malwida stammte, erzogen. Sie machte einen ungemein sympathischen Eindruck, ganz im Sinne des holden jungen Mädchens, wie es damals als Ideal galt; nichts war in ihr von jenem Typus des emanzipierten jungen Mädchens, das Malwida als Vorkämpferin der Emanzipation protegierte. Ich erinnere mich lebhaft, daß eine sehr energische Emanzipierte mir sagte, wie überrascht sie gewesen sei, daß das Produkt der Erziehung Malwidas so ganz dem Ideal der alten Zeit entspräche und nicht wie die Emanzipierten erwartet hätten dem neuen Ideal, nämlich einer wissenschaftlich und politisch höchst energischen jungen Dame. Hier zeigte sich das natürlich-mütterliche Empfinden Malwida's, ihre schönste und Haupteigenschaft in voller Naivität. Und mein Bruder hat, wie ich noch weiter ausführen werde, gerade die mütterlichen Eigenschaften Malwida's als höchste Begabung hervorgehoben. –

Wenige Wochen nach dem ersten Kennenlernen meines Bruders mit Frl. von Meysenbug, gelegentlich der Grundsteinlegung in Bayreuth, traf er mit seinem „Herzensfreund", Frhr. von Gersdorff, wiederum mit ihr zusammen, und zwar in München, bei der Aufführung des Tristan, unter der Leitung von Hans von Bülow. In diesen Tagen wurde aus der Bekanntschaft eine wirkliche Freundschaft, die auch bis zum Erscheinen des „Fall Wagner" mit einigem Auf und Nieder bestanden hat. Beide erinnerten sich immer wieder dieser wenigen Tage in München, in welchen sie zweimal den Tristan hörten, mit den wärmsten Empfindungen. Malwida zitierte in den „Individualitäten“ auch ein gutes Wort, das mein Bruder nach einer dieser Aufführungen gesagt haben soll: „Dies Drama des Todes macht mich gar nicht traurig, im Gegenteil, ich fühle mich glücklich und erlöst.“ Es war ein Anklang an die Definition der Tragödie in seiner Schrift, an den „metaphysischen Trost, mit welchem uns jede wahre Tragödie entläßt, daß das Leben im Grunde der Dinge, trotz allen Wechsels der Erscheinungen, unzerstörbar mächtig und lustvoll sei“.

Der ganze Briefwechsel meines Bruders mit Malwida von Meysenbug zeigt von Anfang an das schöne Vertrauensverhältnis, das sie zueinander hatten, und immer war es durchwoben mit dem leidenschaftlichen Interesse für Richard Wagner, seine Kunst und deren Wachsen und Gedeihen. Sie erzählten sich die Schwierigkeiten, unter welchen sie Bayreuths wegen litten, aber auch viel Persönliches. Besonders tat es mein Bruder, der in Malwida, wie ich schon oben erwähnte, sogleich die wahrhaft mütterliche Gesinnung erkannt hatte. Als zum Beispiel Dr. Ulrich von Wilamowitz als sehr unreifer junger Mann, aber unter der Projektion alter Professoren sich erkühnte, eine Streitschrift gegen meinen Bruder gelegentlich des Erscheinens der „Geburt der Tragödie“ zu veröffentlichen, die jedoch durch eine Gegenschrift von Professor Dr. Erwin Rohde völlig vernichtet wurde, schildert mein Bruder Malwida den ganzen Streitfall, da er ja wußte, wie sehr dieses Buch, die „Geburt der Tragödie“, Malwida entzückt hatte, freilich gerade das, was an ihm das Vergängliche ist, nämlich die Verknüpfung mit der Kunst Richard Wagners.

Mein Bruder schildert ihr also in herzlichem Vertrauen den ganzen Streitfall mit Wilamowitz, der ihn tief bewegte und fährt dann fort:

> „Verehrtestes Fräulein, Sie haben ja Schwereres, doch Analoges erlebt, und wer weiß, wie weit mein Leben noch dem Ihrigen ähnlich zu werden vermag. Denn bis jetzt habe ich eben nur gerade angefangen mich etwas auszusprechen; ich brauche noch viel guten Mut und kräftige Freundesliebe, vor allem gute und edle Beispiele, um nicht mitten im Sprechen den Athem zu verlieren. Ja, gute Beispiele! Und da denke ich an Sie und freue mich recht von Herzen, mit Ihnen, Verehrtestes Fräulein, als mit einer einsamen Kämpferin für das Rechte, zusammengetroffen zu sein. Glauben Sie ein für allemal, daß ich Ihnen das unbedingte Vertrauen geschenkt habe, das ich, in dieser Welt des Mißtrauens, nur unter meinen nächsten Freunden empfinden darf, und daß ich so gegen Sie vom ersten Augenblicke unseres Bekanntwerdens gesinnt gewesen bin.“

Malwida nahm an dem Kampf um das Erstlingswerk meines Bruders, „Die Geburt der Tragödie“, den wärmsten Anteil und drückte das nicht nur meinem Bruder, sondern auch andern gegenüber aus; war sie doch dadurch veranlaßt worden, sich sehr viel mit der ganzen griechischen Welt zu beschäftigen. Sie behauptete, daß es die tiefste Sehnsucht ihres Lebens gewesen wäre, davon zu hören und in ihr heimisch zu werden.

Seit Beginn des Jahres 1873 fing sie aber in ihrer mütterlichen Gesinnung an, sich um die Gesundheit meines Bruders zu sorgen. Mein Bruder war bis zum Krieg 1870 immer kerngesund gewesen, so daß er selbst einen gefährlichen Sturz vom Pferde während seiner Soldatendienstzeit gut überwand. Er konnte sich geistig und körperlich große Strapazen zumuten, und Frau Geheimrat Ritschl behauptete immer scherzhaft, daß er für einen so geistreichen und feinnervigen Menschen eigentlich zu gesund sei und aussähe. Aber der Krieg 1870, den er als Krankenpfleger durchmachte, hatte seiner Gesundheit durch eine schwere Erkrankung einen bedeutenden Stoß zugefügt, besonders auch deshalb, weil er sich sogleich wieder in die Arbeit stürzte und erst durch einen Winteraufenthalt in Lugano sich wieder erholen konnte. Diese Erholung schien eine dauernde zu sein, denn im Jahre 1872 machte er auf alle, die ihn kannten, einen prachtvollen, gesunden Eindruck. Aber Anfang des Jahres 1873 stellten sich jene von Migräne und Augenschmerzen gequälten Tage und Wochen ein, worunter mein Bruder schon deshalb so sehr litt, weil er bei seiner außerordentlichen Arbeitslust und -kraft keine Stunde entbehren konnte; es ging aber diesmal bald vorüber.

Im Jahre 1873 begann nun die Zeit der „Unzeitgemäßen Betrachtungen“, und zwar von Ostern an, wo er bei einem Besuch in Wahnfried die erste Anregung zu seinem Kampf gegen den Bildungsphilister empfing. Er traf damals mit Malwida in Bayreuth zusammen und sie schreibt von dort aus an Frau Olga Monod über Friedrich Nietzsche:

> „Auch sind wir in tiefer Sorge um ihn, denn er ist offenbar leidend. Dazu der Zustand seiner schönen Augen (Cosima sagte gestern noch: nur der König von Bayern hat solche Augen!). Dazu das Geistesfeuer, das in ihm brennt, und die revolutionäre Stellung im edelsten Sinne, in die er sich bereits den Pedanten der Wissenschaft gegenüber gebracht hat... Abends spielte mir Nietzsche bei Wagners die ‚Monodie' vor. Es ergriff mich auf's tiefste. Er spielte so seelenvoll, wie ich selten habe spielen hören. Auch Wagner war ganz ergriffen und sagte: ‚Nein, Nietzsche, Sie spielen viel zu schön für einen Gelehrten' Die ‚Monodie à deux' war eine Komposition, die mein Bruder zu Ehren der Verheiratung der von Malwida so geliebten Pflegetochter Olga mit Professor Dr. Gabriel Monod verfaßt hatte.

Während der Entstehung der „Unzeitgemäßen Betrachtungen" hatte sich das Befinden meines Bruders wieder sehr gebessert. Ostern 1874 schreibt er an Malwida:

> „Mein Befinden, um davon ein Wort zu sagen, ist seit Neujahr, infolge einer veränderten Lebensweise, recht gut und ohne jedes Bedenken: nur daß ich mit den Augen vorsichtig sein muß. Sie wissen aber, es gibt einen Zustand körperlichen Leidens, der einem mitunterwie eine Wohltat erscheint; denn man vergißt darüber, was man sonst leidet, oder vielmehr: man meint, es könne einem geholfen werden, wie dem Leib geholfen werden kann. Das ist meine Philosophie der Krankheit: sie gibt Hoffnung für die Seele. Und ist es nicht ein Kunststück, noch zu hoffen?"

Dieser letzte Satz bezieht sich auf die damaligen trostlosen Zustände in Bayreuth. Das Jahr 1874 begann nämlich mit schweren Sorgen: es schien kein Zweifel mehr zu sein, das Bayreuther Unternehmen war in der Form, wie es vom Meister geplant und in dem Patronatsverein zum Ausdruck gekommen war, gescheitert. Aber über Bayreuth schien doch ein glücklicher Stern zu walten: Wagners größter Wohltäter, der König Ludwig von Bayern, griff hilfreich in diese scheinbar verunglückte Angelegenheit ein und stellte die nötigen Mittel zur Verfügung.

An den „Unzeitgemäßen Betrachtungen“ nahm Malwida mit der ganzen Leidenschaft ihrer begeisterungsfähigen Natur wärmsten Anteil. Für jede der „Unzeitgemäßen Betrachtungen“ fand sie eigenartige Worte des Verstehens, aber „Schopenhauer als Erzieher“ schätzte sie am höchsten, wie der ganze Kreis um Richard Wagner herum, vor allem Cosima.

Die vierte Unzeitgemäße: „Richard Wagner in Bayreuth“ erschien zu den ersten Festspielen in Bayreuth, Sommer 1876, sozusagen mitten hinein, so daß Malwida damals noch kein abschließendes Urteil darüber haben konnte. Rührend aber war es mir, daß sie noch in sehr später Zeit, als die schweren Angriffe Nietzsches gegen Wagner überwunden waren, noch 1894 bei einer Zusammenkunft in Stresa sagte: „Das beste, was jemals über Richard Wagner gesagt worden ist, hat doch Dein Bruder gesagt und niemand anderes“; eine Bemerkung, die selbst von den Töchtern Cosima‘s, Blandine und Isolde, später, nach vielen Jahren wiederholt worden ist.

Aber mein Bruder hatte auch für Malwida‘s Hauptwerk: „Die Memoiren einer Idealistin“ eine tiefe Verehrung, und als er im Frühjahr 1876 in der Pension Printanière am GenfeRéee das Buch an einem köstlichen Frühlingsmorgen las, hatte er davon einen tiefen Eindruck, den er seinen Freunden, besonders aber Malwida selbst so ergreifend geschildert hat.

„Basel, Charfreitag, 14. April 1876

Hochverehrtes Fräulein,

es gab vor vierzehn Tagen ungefähr einen Sonntag, den ich allein am Genfersee und ganz und gar in Ihrer Nähe verbrachte, von früh bis zu dem mondglänzenden Abend: ich las mit wiederhergestellten Sinnen Ihr Buch zu Ende und sagte mir immer wieder, daß ich nie einen weihevolleren Sonntag erlebt habe; die Stimmung der Reinheit und Liebe verließ mich nicht und die Natur war an diesem Tage nichts als das Spiegelbild dieser Stimmung. Sie gingen vor mir her als ein höheres Selbst, als ein viel höheres –, aber doch noch mehr ermutigend, als beschämend; so schwebten Sie in meiner Vorstellung und ich maß mein Leben an Ihrem Vorbilde und fragte mich nach dem Vielen, was mir fehlt. Ich danke Ihnen für sehr viel mehr, als für ein Buch. Ich war krank und zweifelte an meinen Kräften und Zielen; nach Weihnachten glaubte ich von Allem lassen zu müssen und fürchtete nichts mehr, als die Langwierigkeit des Lebens, das mit Aufgebung der höheren Ziele nur wie eine ungeheure Last drückt. Ich bin jetzt gesünder und freier, und die zu erfüllenden Aufgaben stehen wieder vor meinen Blicken, ohne mich zu quälen. Wie oft habe ich Sie in meine Nähe gewünscht, um Sie etwas zu fragen, worauf nur eine höhere Moralität und Wesenheit, als ich bin, Antwort geben kann! Aus Ihrem Buche entnehme ich mir jetzt Antworten auf sehr bestimmte mich betreffende Fragen; ich glaube mit meinem Verhalten nicht eher zufrieden sein zu dürfen, als bis ich Ihre Zustimmung habe. Ihr Buch ist für mich aber ein strengerer Richter, als Sie es vielleicht persönlich sein würden. Was muß ein Mann tun, um bei dem Bilde des Lebens sich nicht der Unmännlichkeit zeihen zu müssen? – das frage ich mich oft. Er muß das alles tun, was Sie taten und durchaus nichts mehr! Aber er wird es höchstwahrscheinlich nicht vermögen, es fehlt ihm der sicher leitende Instinkt der allzeit hülfbereiten Liebe. Eines der höchsten Motive, welches ich durch Sie erst geahnt habe, ist das der Mutterliebe ohne das physische Band von Mutter und Kind, es ist eine der herrlichsten Offenbarungen der Caritas. Schenken Sie mir etwas von dieser Liebe, meine hochverehrte Freundin, und sehen Sie in mir Einen, der als Sohn einer solchen Mutter bedarf, ach so sehr bedarf!

Wir wollen uns viel in Bayreuth sagen: denn jetzt darf ich wieder darauf hoffen, dorthin gehen zu können: während ich ein paar Monate auch den Gedanken daran aufgeben mußte. Wenn ich jetzt nur, als der Gesündere, Ihnen etwas erweisen könnte! Und warum lebe ich nicht in Ihrer Nähe! Leben Sie wohl! Ich bin und bleibe der Ihrige in Wahrheit

Friedrich Nietzsche"

Von diesem Brief und von der tiefen Anerkennung ihres Buches durch meinen Bruder war Malwida sehr bewegt; sie schreibt an die geliebte Tochter Olga Monod darüber:

„Gestern bekam ich einen Brief von Nietzsche, wieder aus Basel, nachdem er der Gesundheit wegen am Genfersee war und nun auch wieder gesünder und stärker zurückgekehrt ist. Er schreibt mir über mein Buch, welches er dort gelesen, und ich kann wohl sagen, daß es mir um dieses Briefes willen lieb ist, daß ich das Buch geschrieben habe; er ist der schönste Lohn, den ich für viele Leiden empfangen habe; daß es so auf einen Menschen wie Nietzsche wirkte, das ist eine Vergeltung für vieles."

Die schönen Worte meines Bruders aus dem Briefe an Malwida vom 14. April: „Warum lebe ich nicht in ihrer Nähe?“ machten auf Malwida den tiefsten Eindruck und sie beschloß diesen Wunsch, der übrigens von beiden Seiten Jahre hindurch schon gehegt und besprochen wurde, jetzt nun wirklich auszuführen. Sie erkundigte sich eifrig nach einem gesunden Ort am südlichen Meere, wo sie mit meinem Bruder und einem ihr bekannten Schüler Nietzsches den Herbst und Winter zubringen könnten und traf auch gleich alle Vorbereitungen; zunächst schlug sie Fano vor. Mein Bruder antwortete ihr am 11. Mai:

> „Verehrteste Freundin, ich weiß wirklich nicht, wie ich Ihnen für das in Ihrem Briefe Ausgesprochne und Angebotne danken soll! Später will ich Ihnen sagen, wie zur rechten Zeit dies Wort von Ihnen gesprochen wurde und wie gefährlich mein Zustand ohne dieses Wort geworden sein würde: heute melde ich Ihnen nur, daß ich kommen werde, um in Fano mit Ihnen ein Jahr zu leben. Ich sprach mit dem Präsidenten der hiesigen Universitäts-Kuratel über die Möglichkeit eines Urlaubs vom Oktober 1876 bis Oktober 1877; die definitive Beantwortung meiner Anfrage kann erst in 14 Tagen gegeben werden, aber daß man mir die volle Freiheit dazu geben wird, steht völlig sicher: darauf dürfen Sie sich verlassen!
>
> Wahrhaftig, mit Niemandem möchte ich jetzt so gern ein Jahr als mit Ihnen zubringen, – das dürfen Sie im wörtlichsten Sinne nehmen! Wollte ich es Ihnen genauer sagen warum – so würden Sie sehen, wie hoch ich Sie liebe und ehre!“

Die geheimnisvollen Andeutungen, warum gerade damals das Anerbieten, ein volles freies Jahr mit

Malwida in Italien zu leben, so besonders zur rechten Zeit kam, bezogen sich nur zum Teil auf meines Bruders Gesundheit, deren Besserung ja all seine Briefe aus jenen Wochen ausdrücklich betonen, – sondern vor allem und hauptsächlich auf die Zweifel, die ihm in Hinsicht auf Wagner und seine Kunst gekommen waren. Schon im Januar 1874 hatte sein Glaube an die ganze Richtung Wagner's, an ihren psychischen Wert für die Zukunft der Menschenseele, ja schon an ihren rein artistischen Wert eine Erschütterung erlitten. Die Aufzeichnungen aus jenem Monat, die bald darauf auch gegen Fräulein von Meysenbug erwähnt werden, und die jetzt in Bd. X S. 427-450 der großen Kröner'schen Gesamtausgabe stehen, lassen erkennen, welchen harten Kampf meines Bruders Liebe zu Wagner und seine Redlichkeit gegen sich selbst miteinander zu kämpfen hatten. Ich selbst gestehe, bereits eine Ahnung davon erhalten zu haben, als er im Herbst 1875, mitten im Niederschreiben von „Richard Wagner in Bayreuth", das Manuskript unvollendet beiseite legte. Da er mir die ersten acht Abschnitte dieser „4. Unzeitgemäßen Betrachtung" vorgelesen und mich dadurch entzückt hatte, so begehrte ich natürlich sehr nach der Fortsetzung. Als ich mir nun einmal darnach zu fragen erlaubte (ich tat das sonst nie, weil mein Bruder im allgemeinen nur ungern über noch nicht vollendete Werke sprach), sagte er ganz traurig: „Ach Lisbeth, wenn ich das nur könnte." Wenn er sich jetzt nun so sehnsüchtig nach diesem Zusammensein mit Malwida aussprach, so war der geheimnisvolle Hintergrund, daß er hoffte, sich in

Malwida's Nähe wieder in seinen alten Empfindungen für Richard Wagner zu befestigen, da bei diesem Zusammensein jedenfalls das Liebevollste und Beste über Wagner und seine Kunst gesagt werden würde. Natürlich konnte Malwida nicht ahnen, wie auch ihr nachfolgender Brief beweist, welche Gedanken dem Brief meines Bruders zugrunde lagen. Sie las nur die große Freude meines Bruders heraus, die er über ihren Vorschlag empfand.

> „Ihr Brief, teurer Freund, war wieder einmal eines von den Schicksalszeichen, an denen man zu erkennen glaubt, daß nicht alles dämonisch und unsinnig in der Welt ist: obschon ich auch wieder so zaghaft geworden bin, daß ich selbst solchen Zeichen nicht mehr traue, bis sie Wirklichkeit geworden sind."

Aber aus Fano wurde Sorrent und vorher kam Bayreuth. Gegen Ende Juli 1876 ging mein Bruder nach Bayreuth; ich kann nur wiederholen, was ich im „Einsamen Nietzsche" sage: daß, wenn ein gütiges Geschick über der Freundschaft meines Bruders mit Richard Wagner gewaltet hätte, es ihn verhindert haben würde, nach Bayreuth zu gehen. Immer noch verband er mit dem Namen Bayreuth den Glauben und die Hoffnung, daß sich ihm dort Wagner und seine Kunst auf eine überwältigende Art und Weise zeigen würde. Die Vision eines Festes, bei dem die Darsteller und die Zuschauer in gleicher Weise merkwürdig und bewunderungswert sein sollten, und wo diese beiden Faktoren in der Höhe ihrer Empfindung vereinigt eine in's Ungeheure gesteigerte Wirkung hervorrufen müßten, – alles das bewegte ihn im tiefsten Innern und erfüllte ihn mit großen unbestimmten Hoffnungen. Ganz deutlich sagt er es selbst in einer privaten Aufzeichnung, warum ihm diese Festspiele in Bayreuth in so schmerzlichem Lichte erschienen sind: „Mein Fehler war der, daß ich nach Bayreuth mit einem Ideal kam: so mußte ich denn die bitterste Enttäuschung erleben. Die Überfülle des Häßlichen, Verzerrten, Überwürzten stieß mich heftig zurück." Was er innerlich und äußerlich dort erlebte, bitte ich in der Biographie: „Der junge Nietzsche" und „Der einsame Nietzsche" nachzulesen.

Ende Oktober ging mein Bruder mit Dr. Rée nach Sorrent, wo Malwida auf sie wartete. Seine Briefe mußte er damals seiner Augen wegen sehr lakonisch fassen, aber mündlich konnte er nie genug ausdrücken, wie zauberhaft der Süden und der Golf von Neapel auf ihn gewirkt hatten; und das hat er später ergreifend aufgezeichnet.

> „Ich habe nicht Kräfte genug für den Norden: dort herrschen schwerfällige und künstliche Seelen, die so beständig und notwendig an Maßregeln der Vorsicht arbeiten, als der Biber an seinem Bau. Unter ihnen habe ich meine ganze Jugend verlebt! Das fiel über mich her, als ich zum ersten Male den Abend über Neapel heraufkommen sah, mit seinem sammtnen Grau und Rot des Himmels. Du hättest sterben können, ohne dies zu sehen – Schauder, Mitleid mit mir, daß ich mein Leben damit anfing, alt zu sein, und Tränen und das Gefühl, noch gerettet zu sein, im letzten Augenblick. Ich habe Geist genug für den Süden."

Der Aufenthalt in Sorrent mit Malwida, Dr. Paul Rée und Albert Brenner war im allgemeinen eine der angenehmsten Erholungszeiten meines Bruders, obgleich der Anfang mit einem großen heimlichen Schreck begann. Er fand nämlich dort Richard Wagner und Cosima, die gleichfalls zur Erholung nach den Festspielen dorthin geflüchtet waren, aber nur noch einige Wochen blieben.

Am letzten Abend ihres Zusammenseins machten Wagner und mein Bruder einen wundervollen einsamen Spaziergang die Küste entlang und zur Höhe hinauf, wo der Blick sich weit über Meer, Insel und Buchten ausbreiten, und man das herrlichste Bild in sich aufnehmen kann. Es war ein schöner Herbsttag, mild, mit einer gewissen Melancholie der Beleuchtung, die den Winter vorahnen ließ. „Abschiedsstimmung", sagte Wagner. Da begann er plötzlich und zum ersten Male ausführlich von dem Parsifal zu reden und zwar ganz merkwürdig, nicht als von einem künstlerischen Plan, sondern von einem christlich-religiösen Erlebnis. Vielleicht fühlte Wagner, daß ein „Bühnenweihspiel", erdacht und komponiert von einem so schroffen Atheisten und Antichristen, wie er sich meinem Bruder in Tribschen immer gezeigt hatte (und ihn sicher alle seine Freunde in den kecksten Aussprüchen noch im Anfang der siebziger Jahre gekannt haben), kaum als ein christlich-religiöser Akt empfunden werden könnte, wie es doch sollte. So fing erauf einmal an, meinem Bruder christliche Empfindungen und Erfahrungen wie Reue und allerlei Hinneigungen zu christlichen Dogmen zu gestehen. Er erzählte ihm zum Beispiel von dem Genuß, den er der Feier des heiligen Abendmahls verdankte – wohl verstanden der schmucklosen protestantischen! Wenn es noch wenigstens das katholische Hochamt gewesen wäre, von welchem wohl jeder künstlerisch empfindende Mensch den tiefsten Eindruck erhält. (Ich begegnete einmal vor langen Jahren einem sehr gebildeten katholischen Geistlichen, mit welchem ich über den Parsifal sprach. „Das können wir besser", sagte er mit einer unnachahmlichen Handbewegung, als ob er den Parsifal beiseite schöbe.) Mein Bruder hatte eine große Vorliebe für aufrichtige, redliche Christen, wie sie ihm zum Beispiel in Basel begegnet sind, aber er hielt es für unmöglich, daß jemand, der sich so wie Wagner bis zu den äußersten Konsequenzen als Atheist ausgesprochen hatte, jemals wieder zu einem frommen, naiven Glauben zurückkehren könnte.

Während Wagner an jenem Abend redete und redete, verschwand über dem Meer der letzte Sonnenstrahl und ein leichter Nebel und die wachsende Dunkelheit breitete sich aus. Auch im Herzen meines Bruders war es dunkel geworden. Endlich fragte Wagner: „Sie verstummen ja ganz, lieber Freund?" Mit irgendeiner Ausrede suchte mein Bruder sein Schweigen zu erklären, aber das Herz war ihm zum Zerspringen voll Kummer über diese Schauspielerei Wagners gegen sich selbst. Er schrieb folgende harte Worte nieder:

> „Ich bin nicht imstande, irgendeine Größe anzuerkennen, welche nicht mit Redlichkeit gegen sich verbunden ist: Die Schauspielerei gegen sich flößt mir Ekel ein: entdecke ich so etwas, sogelten mir alle Leistungen nichts; ich weiß, sie haben überall und im tiefsten Grunde diese Schauspielerei."

Wenn Wagner zu meinem Bruder in aller Schlichtheit und Aufrichtigkeit gesagt hätte: „In diesem christlichen Mittelalter mit seinem gesteigerten religiösen Empfinden liegen für einen Künstler starke Antriebe vor, sie künstlerisch musikalisch zu gestalten“, wenn er mit stolzer Heiterkeit und etwas Schelmerei ihm gesagt hätte: „Jetzt will ich einmal diese Zeitempfindung in Musik setzen“, so würde dies mein Bruder sehr wohl begriffen und ihm zugestimmt haben. Aber diese Schauspielerei Wagners, als ob er nun selbst ein naiv frommer Christ geworden sei, konnte mein Bruder nicht überwinden. Es schien ihm unbeschreiblich traurig, daß Wagner, der mit unverwüstlicher Energie sich einstmals „unter dem Halloh der ganzen Welt“ aufrecht hielt, nun gebrochen der herrschenden Zeitstimmung unterlag und zum Verleumder des Lebens wurde.

Immerhin möchte ich einen Zweifel lassen, ob bei Wagner die atheistischen oder die christlich-pessimistischen, der Erlösung bedürftigen Vorstellungen der tiefste Untergrund seines Wesens waren, Lohengrin und Tannhäuser sprechen für die letzte Vermutung.

Über diesen schwermütigen letzten Spaziergang mit Wagner hat sich mein Bruder erst viel später ausgesprochen. Was war eigentlich an diesem Abend geschehen? Zwei leidenschaftlich hochgehaltene Ideale standen sich plötzlich schroff gegenüber, ein das Leben verneinender katholisch-romantischer Parsifal, jener das Leben bejahenden, das Leben vergöttlichenden, verklärenden, kraftvollen Siegfriedgestalt! Und dieses letzte Ideal hatte mein Bruder für das Wagnerische gehalten! Welche Täuschung!

Malwida konnte sich nur erinnern, daß mein Bruder an jenem Abend außerordentlich traurig gewesen wäre und sich bald auf sein Zimmer zurückgezogen habe. Mein Bruder fühlte vorahnend, daß Wagner und er sich niemals wiedersehen würden.

Nachdem nun Wagner und Cosima abgereist waren, befanden sich die vier Obengenannten mit sich allein und die Gesundheit meines Bruders war besonders gut, wovon Dr. Rée mit Freuden mir berichtete.

Der Winter verging mit Spazierengehen, schönen Ausflügen nach Massa und Capri, Diktieren und Vorlesen. Sehr verschiedenartige Autoren wurden vorgenommen: Voltaire, Diderot, Michelet, Thukydides und andere. Neben diesen gemeinsamen Studien verfolgte aber jeder der vier Insassen der Villa Rubinacci seine eigenen Ideen, jeder schrieb an einem Buche: Frl. von Meysenbug an den „Erinnerungen einer alten Frau“, mein Bruder am „Menschlichen, Allzumenschlichen“, Rée verfaßte sein Büchlein „Über den Ursprung der moralischen Empfindungen“, und der Jüngste, Albert Brenner, schrieb einige Novellen, darunter eine ausgezeichnete: „Das flammende Herz“, die in der „Deutschen Rundschau“ Juli 1877 erschienen ist. Leider ist dieser sehr begabte junge Mann ein Jahr darauf gestorben. Mein Bruder hatte auf diesen Schüler große Hoffnungen gesetzt. Brenner selbst meinte damals, die Novelle „Das flammende Herz“ sei nur deshalb so gut geworden, weil er sie unter dem Einflusse meines Bruders geschrieben habe. Genau dasselbe behauptete Dr. Paul Rée von seinem Büchlein „Über den Ursprung der moralischen

Empfindungen“; er schrieb auch in das Widmungsexemplar, das er meinem Bruder schenkte: „Dem Vater dieser Schrift dankbarst deren Mutter.“ Diese beiden Beispiele zeigen, welchen ungewöhnlichen Einfluß mein Bruder auf seine Umgebung ausübte; seine Gegenwart steigerte die Produktionskraft und -lust eines jeden aufs höchste.

Malwida hat in ihren Briefen an ihre Pflegetochter Olga Monod reizende Schilderungen von diesem gemeinsamen Aufenthalt in Sorrent entworfen, besonders auch von den Leseabenden und gemeinsamen Gesprächen. Aber mein Bruder dachte etwas anders darüber, denn es ergab sich allmählich doch, daß er im Grunde seiner Seele allerhand an diesem Zusammensein auszusetzen hatte und es jedenfalls nicht das geworden war, was er vorher erhofft hatte.

Vor allem waren es ihm zu viel Menschen, woran er aber selbst schuld war, da er Dr. Rée dazu aufgefordert und Albert Brenner Malwida direkt zugeschickt hatte. Die beständigen Unterhaltungen zu vier Personen mit so verschiedenen Lebensansichten waren ihm etwas unbequem. Bei dem zarten Bedacht, den er in der Unterhaltung auf seine Zuhörer nahm, konnte diese niemals in die Tiefe gehen, weil natürlich auf den jungen Schüler Brenner, auf unsere liebe idealistische Freundin Malwida und auf den sehr skeptischen Dr. Rée ganz verschiedenartige Rücksichten zu nehmen waren. Vor allen Dingen aber konnte er nicht mehr daran denken, sich über Wagner mit Malwida aus innerstem Herzensgrund auszusprechen, da das doch nur in vertraulichen Zwiegesprächen möglich gewesen wäre, in der Unterhaltung zu Vieren hätte gerade in Hinsicht auf Wagner die feinste Nuance fehlen müssen. Besonders fiel ihm Dr. Paul Rée, trotz seiner wahrhaft rührenden Liebenswürdigkeit gegen ihn, auf die Dauer etwas schwer. Daß zum Beispiel Rée öfter annahm, er wäre mit Nietzsche gleicher Ansicht und dies auch ganz unbefangen gegen Malwida aussprach, machte meinen Bruder zuweilen ungeduldig oder, wie er sich ausdrückte: „es verdroß ihn." Daß Rée und auch leider Malwida nicht begriff, daß ein Gedanke, von meinem Bruder ausgesprochen, ganz andere Hintergründe und unendlich weitere Horizonte hatte, als wenn Rée, den Worten nach, etwas ähnliches behauptete, wirkte manchmal geradezu peinlich auf das zarte Empfinden meines Bruders. Mein Bruder wäre also lieber allein mit Malwida zusammen gewesen, mit diesem wahrhaft mütterlichen, durch und durch edlen Wesen, für welches man die allerhöchste Hochachtung empfinden mußte, obgleich natürlich durch das nähere Kennenlernen gegenseitig auch einige Eigenschaften zutage kamen, die nicht ganz zusammenstimmten, zum Beispiel der Umstand, daß Malwida niemals zwischen Mensch und Mensch zu unterscheiden vermochte und in ihrer Güte und Freundlichkeit Naturen und geistige Begabungen oft auf die gleiche Stufe stellte, die unendliche Grade voneinander geschieden waren. Es ist dies der schöne Fehler aller Idealisten, Menschen und Dinge nicht so zu sehen, wie sie wirklich sind, sondern wie sie gerne möchten, daß sie wären. Damals empfand mein Bruder noch eine gewisse Rührung bei diesem Fehler Malwidas. Später aber, als die Folgen dieses Hanges ihm mehrmals recht unerwünschte Erfahrungen eintrugen, dachte er weniger günstig darüber. Vom März 1877 war ja nun mein Bruder mit Malwida allein, Dr. Rée und der junge Brenner wurden nach Hause abberufen, und nun trat jener merkwürdige Heiratsplan unserer verehrten Malwida, welcher am Schluß des Kapitels „Liebes- und Heiratsgeschichten"ausführlich erwähnt worden ist, in den Vordergrund und gab zu viel ergötzlichen Auseinandesetzungen Veranlassung. Trotzdem verlangte mein Bruder nach der Schweiz und ihrer kräftigeren Luft zurückzukehren, da die erschlaffende Frühlingsluft des Südens inzwischen eingetreten war und sich sein gutes Befinden verschlechterte. Merkwürdig ist nun jedenfalls, daß der ganze Aufenthalt mit Malwida in Italien (der aber nicht ein Jahr, sondern nur sechs Monate gedauert hatte), von welchem mein Bruder das Jahr zuvor erwartete, daß er ihn wieder in der alten geliebten Wagner- und Schopenhauer-Atmosphäre heimisch machen sollte, gerade den entgegengesetzten Erfolg hatte, wovon nun „Menschliches, Allzumenschliches"eine allzudeutliche Kunde gibt.

Wir dürfen aber nicht vergessen, daß gerade in Sorrent jenes letzte Gespräch mit Wagner auf der einsamen abendlichen Wanderung stattgefunden hatte, das meinen Bruder so tief erschütterte, wodurch sich über den ganzen Sorrentiner Aufenthalt ein leiser Schatten gebreitet hatte.

Als nun in den folgenden Jahren die beiden Bände: „Menschliches, Allzumenschliches" erschienen, war ein allgemeines Erstaunen und gewissermaßen Entsetzen. Wie, in der Nähe von Malwida hatte er so ganz andersartige Gedanken niedergeschrieben?! Meinen Bruder ergriff eine große Bangigkeit, daß er bei allen Freunden Schmerz und großen Zweifel hervorrufen würde; und in der Tat hat „Menschliches, Allzumenschliches“ schließlich meinem Bruder den stärksten Kummer bereitet, denn es war die Ursache der Trennung von dem Haus Wahnfried. Er schrieb in viel späterer Zeit darüber:

> „Als das Buch endlich fertig mir zu Händen kam, – sandte ich unter anderen auch nach Bayreuth zwei Exemplare. Durch ein Wunder von Sinn im Zufall kam gleichzeitig bei mir ein schönes Exemplar des Parsifal-Textes an, mit Wagners Widmung an mich: ‚Herzlichen Gruß und Wunsch seinem teuren Freunde Friedrich Nietzsche, Richard Wagner, Oberkirchenrat!‘ – Diese Kreuzung der zwei Bücher – mir war‘s, als ob ich einen ominösen Ton dabei hörte. Klang es nicht, als ob sich Degen kreuzten? – Jedenfalls empfanden wir es beide so: denn wir schwiegen beide. – “

Doch muß ich ausdrücklich erwähnen, daß mein Bruder bei dem Absenden von „Menschliches, Allzumenschliches“, das er ursprünglich anonym erscheinen lassen wollte, noch glaubte, daß es möglich sei, daß Wagner ihm die Freiheit seines eigenen Weges in aller Freundschaft gestatten würde. Es hat sich der Entwurf eines Briefes an Wagner gefunden, worin er sich in vollem Vertrauen an den immer noch so geliebten Meister wandte:

> „Indem ich Ihnen das Buch ‚Menschliches, Allzumenschliches‘ übersende, lege ich mein Geheimnis

> vertrauensvoll in Ihre und Ihrer edlen Gemahlin Hände und nehme an, daß es nunmehr auch Ihr Geheimnis sei. Dies Buch ist von mir: ich habe meine innersten Empfindungen über Menschen und Dinge darin ans Licht gebracht und zum ersten Male die Peripherie meines eigenen Denkens umlaufen. In Zeiten, welche voller Paroxysmen und Qualen waren, war dies Buch ein Trostmittel, welches nicht versagte, wo alle andern Trostmittel versagten. Vielleicht lebe ich noch, weil ich seiner fähig war.
>
> Es mußte ein Pseudonym gewählt werden, einmal weil ich die Wirkung meiner früheren Schriften nicht stören mochte, sodann weil die öffentliche und private Beschmutzung der Würde meiner Person damit verhindert werden soll... usw."

Dieser Brief ist offenbar nicht abgeschickt worden, da die Anonymität des Verfassers aufgegeben wurde, und zwar des Verlegers wegen, der auf den bereits berühmten Namen nicht verzichten wollte. So ist „Menschliches, Allzumenschliches" mit einer schalkhaften Widmung an Wagners geschickt worden, die sehr harmlos beginnt:

> „Dem Meister und der Meisterin
> Entbietet Gruß mit frohem Sinn,
> Beglückt ob einem neuen Kind
> Von Basel Friedrich Freigesinnt," usw.

und mit den Worten schließt:

> „Doch eh' wir in die Welt es schicken
> Mög' Meisters Treuaug' segnend blicken
> Und daß ihm folge fürderhin
> Die kluge Gunst der Meisterin."

Aber die einzige Antwort aus Bayreuth war zunächst eisiges Schweigen. Ach, des Meisters Treuauge blickte nichts weniger als segnend, und mit der Meisterin kluger Gunst war es für immer vorbei. Und hiermit schloß die Zeit jener schönen Freundschaft!

Wie man es sich vorstellen kann, war auch Malwida sehr erschrocken über „Menschliches, Allzumenschliches“, und daß dem so sein mußte, ahnte mein Bruder und schrieb deshalb nachfolgende Widmung in das ihr übersandte Exemplar:

„Ist von Sorrentos Duft nichts hängen blieben?
Ist alles wilde, kühle Bergnatur,
Kaum herbstlich sonnenwarm und ohne Lieben?
So ist ein Teil von mir im Buche nur:
Den bessern Teil, ihn bring' ich zum Altar
Für sie, die Freundin, Mutter, Arzt mir war.“

In späterer Zeit habe ich erst erfahren, wie entsetzt Malwida gewesen ist und daß es ihrer Freundschaft für Nietzsche einen argen Stoß gegeben haben soll. Doch muß ich ausdrücklich hervorheben, daß Malwida schon durch die plötzliche Abreise meines Bruders aus Sorrent ein wenig verletzt war. Sie sprach öfters von dieser Abreise, daß er wie ein Sturmwind davongeflogen sei und nicht solch schmerzliche Empfindungen über die Trennung geäußert hätte, wie Malwida sie bei ihm vorausgesetzt und selbst verspürte.

So war also dieses von beiden Teilen so ersehnte Erholungsjahr, von welchem mein Bruder gerade für seine innere Zurechtlegung seines veränderten Verhältnisses zu Wagner und Schopenhauer so viel erwartet hatte, ganz anders ausgefallen. Aber mein Bruder betrachtete gerade diese Erfahrung als äußerst wichtig, und zwar nach verschiedenen Richtungen. Zum Beispiel hatten wir früher ein

Zusammenwohnen der verschiedenen Freunde in einem „Kloster für freie Geister“ geplant, und im Anfang seines Aufenthaltes in Sorrent wurde dieser Plan besonders stark aufgegriffen und schon im einzelnen ausgemalt. Nun aber zeigt sich gerade in dem Sorrentiner Aufenthalt, wie schwierig ein solches Zusammenleben für geistig hochstehende Leute sein würde. Jedenfalls wurde er nach Sorrent nicht wieder erwähnt.

Nach dem Aufenthalt in Sorrent hat mein Bruder Malwida ein Jahr später, als sie im Winter 1877/78 uns in Basel besuchte, wiedergesehen. Da überwand auch Malwida den plötzlichen Abschied meines Bruders aus Sorrent, und jede Verletztheit verschwand.

Leider aber gab es bald darauf für unsere verehrte Malwida eine recht unangenehme Angelegenheit, in welcher mein Bruder als wärmster, ritterlicher Verteidiger für die Verehrte eintrat, wodurch aber leider das schöne Freundschaftsverhältnis zwischen ihm und Freiherrn von Gersdorff auf beinahe fünf Jahre gestört, glücklicherweise aber nicht zerrissen wurde.

Unsere verehrte Malwida hatte wie fast alle Frauen den lebhaften Wunsch, ihre jungen Freunde zu verheiraten, was man auch in Hinsicht meines Bruders aus dem „Liebes- und Heiratskapitel“ dieses Buches ersehen kann.

Bei dem schon oft erwähnten Fehler Malwida’s, ihre eigene edle Gesinnung bei anderen weiblichen Wesen vorauszusetzen, waren die Damen, die sie den jungen Leuten vorschlug, merkwürdig ungeeignet, und ich kann es immer nur als ein großes Glück bezeichnen, daß ihre Pläne in Hinsicht der

Verheiratung meines Bruders nicht in Erwägung gezogen worden sind, denn dem armen Freiherrn von Gersdorff ist durch den von Malwida angeknüpften Heiratsplan das ganze Leben verdorben worden.

Das junge Mädchen, das Malwida nun für Freiherrn von Gersdorff bestimmt hatte, war eine junge italienische Gräfin, Nerina F., welche, angesteckt von der modernen Frauenbewegung, sich Malwida als Vorkämpferin der Frauenemanzipation in Verehrung genähert hatte. Sie folgte ihr auch nach Bayreuth zu den Aufführungen 1876, wobei ich sie flüchtig kennenlernte. Sie machte äußerlich einen sehr anmutigen, sympathischen Eindruck, wodurch es verständlich war, daß Gersdorff sich mit ihr verlobte. Aber nachträglich ergaben sich viele Unzuträglichkeiten. Die etwas herabgekommene Familie der Gräfin ist offenbar sehr unerfreulich gewesen, kurzum, der Vater und die ganze Familie Gersdorff legten entschiedensten Protest gegen diese Verlobung ein. Und nun stürzte man von allen Seiten mit heftigen Vorwürfen auf die arme Malwida, selbst die unsympathische Familie der jungen Gräfin; Gersdorff war so entrüstet über diese Vorkommnisse und was er alles zu hören bekam, daß er zu den schlimmsten Angreifern der verehrungswürdigen Malwida gehörte. Aber wie schon erwähnt, stellte sich mein Bruder als Verteidiger mit aller Kraft vor die Hochverehrte. Er konnte es jedoch später nicht leugnen, daß Gersdorff alle Veranlassung hatte in Zorn zu geraten. Es gab nämlich in Italien ein Gesetz, wenn ein Mann sich mit einem Mädchen verlobt hat, so ist er gezwungen, sie zu heiraten. Die

Heirat war aber nach dem vollkommen begründeten Einspruch des Vaters und der Familie Gersdorff unmöglich und Gersdorff selbst war später vollständig von diesem Wunsch zurückgekommen. Nun war die junge Gräfin gemäß der bedenklichen Familie eine große Last für sein ganzes Leben; dem Gesetz nach hatte sie eine Entschädigung zu fordern und versuchte daraufhin, ihn lebenslang auszubeuten. Wir gedachten deshalb in dieser Angelegenheit der lieben, verehrten Malwida, die ahnungslos das ganze Unheil veranlaßt hatte, zuweilen mit sehr gemischten Empfindungen. Aber das freundliche Verhältnis zwischen meinem Bruder und Malwida blieb ungestört bis zum Erscheinen des „Fall Wagner", was dann jedoch zu der Katastrophe der Freundschaft führte. Erst als Malwidaden „Fall Wagner" gelesen hatte, kam ihr deutlich zum Bewußtsein, wie entgegegengesetzt die Meinungen meines Bruders von denen Wagners und ihren eigenen waren. Sie geriet außer sich und schrieb ihm Anfang Oktober 1888 einen (ich muß den Ausdruck wirklich gebrauchen) bitterbösen Brief, der nun wiederum meinen Bruder auf das tiefste verletzte und empörte; besonders, daß Malwida nach ihrer jahrelangen freundschaftlichen Beziehung nichts davon begriff, was eine Loslösung von Wagner für ihn bedeutete, schmerzte ihn am meisten.

Jener bitterböse Brief Malwidas war nun ohne jeden Hinweis auf die Vergangenheit und ohne Mitgefühl geschrieben, was mein Bruder in diesem allmählichen Wechsel seiner Verehrung erlitten haben mußte, und so fanden wir in seinen Aufzeichnungen

Briefe an Malwida mit den schärfsten Ausdrücken, von welchen ich nur einen milden zitiere.

> „Verehrte Freundin, haben Sie eigentlich erraten, warum ich Ihnen überhaupt diese ‚Exekution Wagners' zusandte? – Ich wollte Ihnen einen Beweis mehr dafür in die Hand geben, daß Sie nie ein Wort, noch einen Wunsch von mir verstanden haben. Die Gründe, warum ich vor zehn Jahren Wagnern den Rücken kehrte, sind in dieser Schrift in eine literarische Form gebracht – so maßvoll, so heiter wie möglich, anbei gesagt: denn ich hätte hart und mit Verachtung reden können. Ich habe alle meine Hauptpfeile zurückbehalten – – – Dieser tiefe Mangel an Instinkt, an Feinheit in der Unterscheidung von ‚wahr' und ‚falsch', den ich den modernen Menschen vorwerfe – Sie sind ja selber ein extremer Fall davon, Sie, die Sie sich Ihr Leben lang fast über Jedermann getäuscht haben, sogar über Wagner, um wie vielmehr aber im etwas schwierigeren Falle, über mich! – – – Verstehen Sie Nichts von meiner Aufgabe? Was es heißt ‚Umwertung aller Werte'!"

Ich muß hier hervorheben, daß mein Bruder, wenn er in tiefen Zorn geriet, zuweilen die ganze Vergangenheit vergaß. Dafür könnte ich noch mancherlei Beispiele anführen. Wenn er hier Malwida vorwirft, daß sie nie ein Wort oder einen Wunsch von ihm verstanden habe, so widerspricht der ganze Briefwechsel zwischen den beiden dieser Äußerung.

Da Frl. von Meysenbug offenbar sehr bedauerte, meinem Bruder Anlaß zur Entrüstung gegeben zu haben, und dies in ihrer altgewohnten, liebenswürdigen Weise ausdrückte, so schrieb ihr mein Bruder einige Wochen darauf folgende Zeilen:

„Warten Sie nur ein wenig, verehrteste Freundin! Ich liefere Ihnen noch den Beweis, daß ‚Nietzsche est toujours haïssable'. Ohne allen Zweifel, ich habe Ihnen Unrecht getan: aber da ich diesen Herbst an einem Überfluß von Rechtschaffenheit leide, so ist es mir eine wahre Wohltat, Unrecht zu tun. Der ‚Immoralist'."

Mit diesem Brief endete diese schöne lange Freundschaft in einem tiefschmerzlichen Mißklang. Aber der Briefwechsel zwischen Malwida und Nietzsche, wird immer ein nicht zu erschütterndes Monument dieser Freundschaft bleiben.

Als mein teurer Bruder im August 1900 starb, sandte ihm Malwida Lorbeerzweige aus Sorrent, in Erinnerung an jene glückliche Zeit, die sie dort zusammen verleben durften, und an jene wahre und aufrichtige Freundschaft, die diese beiden tapferen, nach dem Höchsten strebenden Seelen verbunden hatte.

Malwida von Meysenbug starb drei Jahre später in ihrem siebenundachtzigsten Lebensjahre.

Nachwort

Im Spätherbst 1888 befand sich mein Bruder in der höchsten Anspannung aller geistigen Kräfte und ich möchte hinzufügen, auch der körperlichen, da ich von anderer Seite gehört habe, welche große Wanderungen er unternahm, wie oft er ins Theater ging und wie viel Musik er genossen hat. Die Freude über das letzte Halbjahr höchster Produktivität scheint ihn ganz erfüllt zu haben, hatte er doch seit Juli, also seit sechs Monaten, sechs seiner herrlichsten Schriften verfaßt und selbst niedergeschrieben: „Der Fall Wagner“, „Götzendämmerung“, „Dionysos-Dithyramben“, „Der Antichrist“, „Ecce homo“, „Nietzsche contra Wagner“. Davon aber war bis dahin nur der „Fall Wagner“veröffentlicht, der einen wahren Angriffssturm hervorrief, und zwar von allen Seiten, auch von solchen, wo er es nicht für möglich gehalten hatte. Zuletzt wurden die Angriffe so niedrig und böswillig, daß sie ihn in seiner Verlassenheit auf das tiefste verwundeten. Er nahm Beruhigungsmittel, um sich aufrechtzuerhalten. Aber er brach zusammen; sein hoher Geist verdunkelte sich und blieb bis zu seinem Tode gelähmt. –

Unangenehme Erlebnisse

Wie wir aus den bisherigen Kapiteln und den folgenden ersehen, waren die Beziehungen meines Bruders zu all den erwähnten Frauen sehr liebenswürdiger Natur und nur durch zwei Frauen sind meinem Bruder sehr unangenehme Erlebnisse zuteil geworden, durch Frau Lou Andreas-Salomé und in weit höherem Maße durch Frau Professor Overbeck. Diese sehr unangenehmen Erlebnisse, die meinem Bruder sehr geschadet haben, will ich nun in diesem Kapitel zusammenfassen, um nicht die anderen Kapitel mit den mancherlei herzerfreuenden Erinnerungen zu verderben.

Zuweilen las ich in Artikeln zur Zeit der jüdischen Zeitungsherrschaft, die jetzt glücklicherweise verschwunden ist, Frau Lou Andreas-Salomé als „Nietzsches Freundin" bezeichnet. Da mußte ich immer lächeln, vielleicht ein wenig wehmütig, denn sie hätte Nietzsches Freundin werden können. Aber diese kurze Bekanntschaft von fünf Monaten, denn nur diese kurze Zeit ist sie mit meinem Bruder in Verkehr gewesen, fing mit einem Irrtum an und hörte mit einer außerordentlichen Enttäuschung und Mißstimmung meines Bruders wieder auf. Ich muß aber hervorheben, daß weder der Irrtum, noch die Enttäuschung sich auf den Intellekt von Frau

Lou Andreas bezogen, sondern einzig und allein auf den Mangel von Charaktereigenschaften, die mein Bruder bei ihr voraussetzte, und die sie leider nicht besaß. Aus den brieflichen Äußerungen meines Bruders ist Anfang und Ende dieser kurzen Bekanntschaft deutlich zu ersehen.

Ich hatte meinem Bruder immer gewünscht, daß er einen unabhängigen jungen Gelehrten fände, der ihm bei seinen philosophischen Studien mit allerhand Arbeiten, Abschriften und Auszügen helfen könnte. In Peter Gast hatte er zeitweise die beste Unterstützung, aber dieser ausgezeichnete Mann war vor allem Künstler, Komponist, und sehnte sich danach, seine eigenen Pläne in Kompositionen von Opern, Liedern und Sonaten auszuführen, so daß bei einem Aufenthalt in Venedig Gast förmlich unglücklich war, weil die Hilfe, die er dem von ihm hochverehrten Nietzsche bei dessen Niederschriften leistete, ihm seine ganze Arbeitszeit raubte. Mein Bruder hatte es erst nachher bemerkt, wie sehr Peter Gast bei diesem Aufenthalt in Venedig gelitten hatte, was er ungemein bedauerte, und sich deshalb von da an hütete. Gast längere Zeit in Anspruch zu nehmen. Deshalb suchte ich nun nach einem Ersatz und hatte an Frl. von Meysenbug geschrieben, ob sie in ihrer Umgebung nicht jemand Geeignetes fände, so wie sie Heinrich von Stein für Richard Wagner ausfindig gemacht hatte. Man stelle sich nun mein freudiges Erstaunen vor, als ich aus Rom und nicht aus Messina, wo mein Bruder damals weilte, Ende April einen von Frl. von Meysenbug adressierten Brief meines Bruders erhielt:

„Meine liebe Schwester! Falle nicht um vor Erstaunen, der Brief ist von mir und aus Rom. Ich bat Frl. von Meysenbug, die Adresse und auch noch ‚privat' darauf zu schreiben, damit der Brief wirklich nur in Deine Hände kommt. Du wirst begreifen warum.

Also Dein Wunsch ist erfüllt! Die verehrte Freundin (eigentlich wohl Dr. Rée) hat wirklich Jemand gefunden, der mir zu Hilfe kommen soll, – aber es ist kein ‚begeisterter Jüngling', überhaupt kein junger Mann, sondern eine junge Dame!! Aufrichtig gesagt, mir wäre ein ernster junger Mann und noch viel mehr ein Mann in meinem Alter (also kein junger Grünschnabel) bedeutend lieber – aber der Fall ist ungewöhnlich.

Frl. von Meysenbug und Dr. Rée bombardierten mich nämlich mit Briefen und Beschwörungen: ich müsse nach Rom kommen, sie hätten ein junges Mädchen gefunden, die für meine Philosophie geboren sei; sie und Rée wollten mir in allen möglichen Dingen helfen. Gerade jetzt, wo Gast sehr stark mit seinen eigenen Sachen beschäftigt ist und deshalb nicht mehr bereit war, mir im gleichen Umfang wie früher beizustehen, schien mir das Anerbieten sehr wichtig. Ich reiste also hierher.

Nun – um die Wahrheit zu sagen, ich glaube es ist ein Irrtum! Ich sehe bis jetzt nur, daß das junge Mädchen einen guten Kopf besitzt und sehr viel von Dr. Rée gelernt hat. Um mir aber ein richtiges Urteil zu bilden, müßte ich sie ohne Rée studieren. Er soufflierte beständig, so daß ich noch keinen eignen Gedanken entdecken konnte. Könntest Du nicht nach der Schweiz kommen und die junge Dame einladen? Malwida hat dies vorgeschlagen – am liebsten reiste ich nach Messina zurück, ich komme mir nur so haarsträubend undankbar gegen Frl. von Meysenbug und Dr. Rée vor, die so eifrig bemüht sind, mir Gutes und Freundschaftliches zu erweisen. Übrigens ist sie 24 Jahre alt,

> unschön, (– – –); aber wie alle unschönen Mädchen hat sie, um anziehend zu werden, ihren Geist kultiviert. Rée behauptet, dieser Geist sei außerordentlich, – jedenfalls ist er ganz begeistert und versucht auch mich zu begeistern.
> Schreib mir jetzt nicht, bis Du wieder von mir Nachricht hast.
>
> *Dein Bruder*

Der Brief ist liegen geblieben. Inzwischen erzählte mir Malwida, das junge Mädchen habe ihr anvertraut: „sie hätte von frühster Jugend an nur nach Erkenntnis gestrebt und ihr jedes Opfer gebracht." Das hat mich ganz erschüttert. Malwida hatte Tränen, als sie mir es mitteilte und glaubt, Frl. S. sei mir innerlich tief verwandt. – Mir schien es zunächst, als hätte es keinen rechten Grund gehabt, mich nach Rom zu locken. Jetzt denke ich anders! Betrachte diesen Brief als Erzeugnis einer üblen Laune; hätte ich Zeit, so schriebe ich einen andern mit andern Eindrücken.

Aus diesem Brief ersieht man deutlich den Anfang von meines Bruders Bekanntschaft mit Frl. Lou Salomé, jetzt Frau Andreas. Zugleich aber zeigt er auch einen Fehler meines Bruders, unter welchem er sein ganzes Leben gelitten hat, nämlich, daß er sich von den Urteilen seiner Freunde in persönlichen Dingen merkwürdig beeinflussen ließ. So war er auch jetzt vollständig durchdrungen, daß die liebevolle Schilderung von Frl. von Meysenbug, Frl. Salomé sei eine wahrhaft heroische junge Seele, auf voller Wahrheit beruhe. Es kam damals hinzu, daß mein Bruder sich in einer besonders glücklichen Stimmung befand, weil er seit Anfang des Jahres

1882 glaubte, daß er nun wieder völlig gesund sei. Die Verse „Sanktus Januarius“ in der „Fröhlichen Wissenschaft“geben uns davon Kunde. In diesem Genesungsglück meinte er nun, das ganze Jahr 1882 müsse ein Glücksjahr und die von Frl. von Meysenbug und Dr. Rée so hochgepriesene Jüngerin von glücklicher Vorbedeutung sein. Wie sich dieses glückliche Vogelzeichen für ihn später in sein Gegenteil, in ein „Eulenuntier“ verwandelte, kann man im „Grablied“des Zarathustra nachlesen.

Als vortreffliche Anempfinderin begriff Frl. Salomé sogleich, daß meinem Bruder nicht ein ausgezeichneter Intellekt, sondern die Stärke des Charakters allein zu imponieren vermochte. Ihre Geschicklichkeit, sich asketisch-heroische Allüren zu geben und sich als eine Märtyrerin der Wahrheit und des Forschens nach Erkenntnis seit frühester Kindheit hinzustellen, wofür sie sogar ihre Gesundheit geopfert habe, war erstaunlich. Sie machte ein Gedicht „an den Schmerz“, ganz im Sinne der Ideale meines Bruders, von welchem wir tief ergriffen waren. Nach der Enttäuschung schrieb mein Bruder empört an Frl. Salomé: „Ein solches Gedicht wie das ‚An den Schmerz‘ ist in Ihrem Munde eine tiefe Unwahrheit.“ Während einer gemeinschaftlichen Reise in Italien von Frau Salomé mit ihrer Tochter Lou, meinem Bruder und Dr. Rée und einem kürzeren Aufenthalt am Ortasee haben diese heroischen Attitüden von Frl. Salomé auch standgehalten, zur großen Überraschung ihrer Mutter, die das Märtyrertum ihrer Tochter in jeder Beziehung bestritt und immer betonte, daß man ihr stets die größte Freiheit gelassen habe und daß sie immer getan hätte, was sie gern wollte. Aber wer hörte damals auf diese vernünftige Frau, mein Bruder jedenfalls nicht, da die Tochter milde durchblicken ließ, daß die Mutter alles falsch verstände und darstelle.

Mein Bruder war in dem Glauben unendlich beglückt, einen Menschen gefunden zu haben, der wie er in voller Energie Leben und Gesundheit der Erkenntnis zum Opfergebracht habe. In diesem Glauben entschuldigte er mancherlei an Lou, was ihm im Grunde unsympathisch war: zum Beispiel ihre Mißachtung verwandtschaftlicher Verhältnisse, ihren Wunsch, die Vorurteile der Gesellschaft zu brüskieren und mit den beiden Gelehrten Nietzsche und Rée zur Universität zu gehen und, wie sie vorschlug, auch zusammen zu wohnen. Diese Vorschläge erschienen damals meinem Bruder nur als Ausfluß höchster Idealität und als die Opfer einer Märtyrerin der Erkenntnis, welche sie mit der größten Energie ohne Rücksicht auf sich selbst zu bringen beabsichtigte.

Gegen diesen letzten Plan machte aber Frl. von Meysenbug sehr bestimmte Einwendungen, da die Mutter und andere Verwandte der Lou sie gewissermaßen für die Schicksale Lous verantwortlich machten. Diese Absicht des Zusammenwohnens fand Malwida unschicklich, übrigens auch mein Bruder. Malwida schlug nun vor, einer der beiden Herren müßte Lou heiraten, aber ergötzlicherweise begehrten die beiden Herren aufrichtig und herzlich die Freundschaft des Frl. Salomé, – aber eine Heirat lehnten sie ab. Doch tat es mein Bruder in der allerhöflichsten Weise und setzte Malwida auseinander, daß seine pekuniären Mittel so völlig unsicher und jedenfalls für eine Heirat viel zu gering wären. Dagegen redete er mit dem größten Eifer dem sehr wohlhabenden Dr. Rée zu, aber auch er wollte nicht, aus anderen Gründen. Mein Bruder schreibt darüber an Frl. von Meysenbug:

> „Rée hätte sie heiraten sollen, um die mancherlei Schwierigkeiten ihrer Lage zu beseitigen, und ich meinerseits habe es wahrlich nicht an Zuspruch fehlen lassen. Aber es scheint mir jetzt eine verlorene Bemühung. Er ist in einem letzten Punkte unerschütterlicher Pessimist,und wie er sich hierin treu geblieben ist, gegen alle Einwände seines Herzens und meiner Vernunft, hat mir zuletzt noch großen Respekt eingeflößt. Der Gedanke der Fortpflanzung der Menschheit ist ihm unerträglich: er bringt es nicht über sein Gefühl, die Zahl der Unglücklichen zu vermehren. Für meinen Geschmack hat er in diesem Punkte zu viel Mitleid und zu wenig Hoffnung. Privatissime!"

Bis dahin hatten die Erlebnisse trotz aller feierlichen und phantastischen Hoffnungen im Untergrund der Empfindung doch etwas von einem Lustspiel, was auch mein Bruder fühlte, weshalb er in einer wahrhaft übermütigen Stimmung am 24. Mai bei uns in Naumburg eintraf. Er hatte sich plötzlich Mitte Mai zum Besuch angemeldet, zum größten Erstaunen unserer lieben Mutter, die bereits in diesem Sommer auf seinen Besuch verzichtet hatte; denn alles, was er aus Messina schrieb, klang so befriedigt, daß eine Reise nach dem Norden ausgeschlossen schien. Zunächst erzählte er mir nun im Verborgenen seine bisherigen Erlebnisse und den Umschwung seiner Ansichten seit seinem letzten Brief, wobei mich nur das eine befremdete, daß er mich beschwor, niemand etwas davon zu erzählen und auch nicht Overbecks zu verraten, daß er mit mir darüber gesprochen habe, Frau Overbeck habe ihm tiefstes Schweigen anbefohlen. „Aber warum?“ fragte ich. „An der Sache ist auch nichts, was zu verschweigen wäre, es bekommt aber ein falsches Ansehen durch diese unnötige Geheimnistuerei!“ Mein Bruder stutzte und meinte schließlich: es sei eine Marotte von Frau Overbeck, daß außer ihr und ihrem Mann niemand davon wissen sollte. Unserer lieben Mutter wurde also nur ganz allmählich und ziemlich wenig vonall diesen Vorgängen mitgeteilt, übrigens auch, weil mein Bruder von Anfang an die größte Besorgnis hatte, daß sie einen Roman darin wittern könnte. Dagegen hat er sich von Anfang bis zum Ende, vor und nach der Enttäuschung mit größter Energie in sehr scharfen Worten gewehrt.

Ich kam der Schilderung meines Bruders von Frl. Salomé mit Begeisterung entgegen und hatte auch einen besonderen Grund dazu. Gerade in jener Zeit hatte ich von der merkwürdigen Mathematikerin Sonja Kowalewska gehört, jener Russin, die als junge Dame zu dem berühmten Mathematiker Professor Weierstraß kam und ihn bat, ihr ein Privatissimum über Mathematik zu lesen, da damals Damen zu den Universitätsvorlesungen noch keinen Zutritt erhielten. Der alte Herr mochte wohl zunächst gedacht haben, daß es sich um einen Scherz handele, und gab ihr auf ihr Bitten einige Aufgaben, wie er sie nur seinen fortgeschrittensten Schülern zu geben pflegte. Nach einigen Tagen kam das Fräulein wieder und hatte diese Aufgaben mit einem wahrhaft ungewöhnlichen Scharfsinn gelöst. Professor Weierstraß war von diesem außerordentlichen Talent so entzückt, daß er ihr vier Jahre Privatunterricht erteilte.

Nach den Beschreibungen von Frl. von Meysenbug mußte ich jedenfalls annehmen, daß hier der gleiche Fall wie bei der Kowalewska vorläge. Frl. von Meysenbug hat mir später auch ausdrücklich gesagt, daß die Parallele, die ich damals, ehe ich Frl. Lou persönlich kennenlernte, zwischen ihr und der jungen Mathematikerin gezogen hätte, vollkommen berechtigt gewesen wäre.

Gemäß dem Wunsche meines Bruders bot ich nun Frl. Salomé an, sie mit nach Bayreuth zu der Aufführung des Parsifal zu nehmen und nachher für den Sommer nach Tautenburg, einem kleinen Luftkurort bei Dornburg einzuladen, wo mein Bruder und ich den Sommer verbringen wollten. Mein Bruder fand diese Pläne ausgezeichnet, da sie ganz den eigenen Wünschen entsprachen. Aber sie endeten sozusagen ganz und gar melancholisch.

In Rom hatte sowohl das verehrte Frl. von Meysenvug als Dr. Rée Frl. Salomé die Überzeugung beigebracht, daß Nietzsche eine große Berühmtheit wäre und deshalb gab sich Lou während der Reise die größte Mühe, meinen Bruder für sich zu interessieren und bot sich an, damit seine Augen geschont würden, mit Rée für ihn zu arbeiten. Gerade dieser Vorschlag entzückte meinen Bruder, da er die philosophische Begabung von Frl. Salomé und Dr. Rée sehr hoch schätzte. Er sah ein so ungeheures Bereich für seine Forschungen vor sich. Alle Höhen,

Tiefen und Fernen der seelischen Erfahrungen sollten ja untersucht werden und so seufzte er oft verzweifelt: „Ein einzelner, ach nur ein einzelner! Und dieser große Wald und Urwald!“ Er wünschte sich leidenschaftlich Jagdgehilfen, feine Geister, welche ihm bei der Durchdringung dieses Urwaldes beistehen könnten und nach dem Anerbieten von Rée und Lou glaubte er einen solchen Jagdgehilfen gefunden zu haben. Man kann sich sein Glück, daß er nun seine Lebensaufgabe noch besser durchführen könnte, kaum groß genug vorstellen! Er blickte mit größter Hoffnung und Zuversicht auf sein Leben und seine Zukunft und schreibt deshalb an Frl. von Meysenbug im Juli 1882:

> „Mein Leben gehört jetzt einem höheren Ziele und ich tue nichts mehr, was dem nicht frommt. Erraten kann es Keiner und verraten darf ich es jetzt selber noch nicht: aber daß es eine heroische Denkweise verlangt (und durchaus keine religiös-resignierte), will ich Ihnen, und Ihnen gerade am liebsten, eingestehen. Wenn Sie Menschen mit dieser Denkweise entdecken, so geben Sie mir einen Wink, wie Sie es mit der jungen Russin getan haben. Dieses Mädchen ist mir jetzt durch eine feste Freundschaft verbunden (so fest man dergleichen eben auf Erden einrichten kann), ich habe seit langem keine bessere Errungenschaft gemacht. Wirklich, ich bin Ihnen und Rée außerordentlich dankbar gestimmt, mir hierzu behilflich gewesen zu sein. Dieses Jahr, welches in mehreren Hauptstücken meines Lebens eine neue Krisis bedeutet (‚Epoche‘ ist das richtige Wort, ein Mittelzustand zwischen zwei Krisen, einer hinter und einer vor mir), ist mir durch den Glanz und durch die Anmut dieser jungen, wahrhaft heroischen Seele sehr verschönt worden. Ich wünsche in ihr eine

> Schülerin zu bekommen, und wenn es mit meinem Leben auf die Länge nicht halten sollte, eine Erbin und Fortdenkerin."

Er war nun eifrig bemüht, alle Einrichtungen so zu treffen, daß es seine Lebensaufgabe förderte und Frl. Lou Salomé in seine Pläne, so weit als möglich war, eingeweiht wurde. Dabei machte er aber einen großen Fehler. In seiner strengen Wahrheitsliebe glaubte er, daß Frl. von Meysenbug, die rührende Idealistin, doch falsche Vorstellungen über ihn bei Frl. Salomé hervorgerufen hätte. Schon der komische Heiratsvorschlag von seiten Malwida's hatte ihn beunruhigt. Während er nun zu uns reiste, schickte er Frl. Salomé nach Basel und bat Overbeck und Frau in seinem ebenso rührenden als falschen Vertrauen zu diesen beiden, Frl. Salomé eine richtige Vorstellung von ihm zu geben. Wer nun alle die Erlebnisse nach der Erkrankung meines Bruders kennengelernt und ebenso die Veröffentlichungen nach Overbecks Tod gelesen hat, die doch die wahre Meinung des Ehepaares Overbeck über Nietzsche gegeben haben, kann sich vorstellen, wie diese Schilderung Nietzsches ausgefallen ist. Jedenfalls nahmen die beiden Overbecks Lou völlig den Glauben, daß Nietzsche ein Großer im Reich des Geistes sei, was natürlich mein vertrauensvoller Bruder nicht im entferntesten ahnte. Frl. Salomé sagte sich nun sehr enttäuscht: „Also nicht berühmt, nicht groß?" Sie hatte sich also ihrer Meinung nach ganz zwecklos bemüht, sprach sich demgemäß auch Rée gegenüber aus, mit welchem sie sich auf längere Zeit zu dessen Verwandten begab.

Mein Bruder machte aber noch einen zweiten Fehler: mit dem Wunsch, daß sich Frl. Salomé zur Aufführung des Parsifal nach Bayreuth begebe, immer in dem festen Glauben, daß Frl. Salomé ein wirkliches Verständnis für ihn und seine große Lebensaufgabe hätte, außerdem durch eine unverbrüchliche Freundschaft sich ihm verbunden fühle. Aber die Parsifalaufführung im Sommer 1882 war gewiß nicht die Gelegenheit, um Nietzsche als einen großen und berühmten Mann geschildert zu erhalten. Man sprach damals über ihn ganz abfällig, von oben herab. Nietzsche war jemand, der früher ein wenig berühmt gewesen war, aber jetzt gar nichts mehr zu bedeuten hatte. Ich nehme Richard Wagner aus, mit dem ich eine vertrauliche Unterhaltung hatte, von welcher ich im Kapitel „Cosima" eine ergreifende Äußerung zitierte.

Ich war also mit Frl. Salomé nach Bayreuth gereist und hatte von ihr zunächst einen sehr angenehmen Eindruck, was ich meinem Bruder auch sogleich schrieb. Er antwortete erfreut: „Ich glaube es wohl, daß es Euch zusammen gut zu Mute ist!" Aber sehr bald sah ich mit größtem Erstaunen, daß von Ehrfurcht und Freundschaft für meinen Bruder bei Frl. Salomé wenig vorhanden war, daß sie aber mit solchen, die ihm feind waren, welche damals in Bayreuth eine gewisse Rolle spielten, ganz einverstanden schien. Ja, es war deutlich zu bemerken, daß sie die Annahme meiner Einladung, mit meinem Bruder und mir nach dem abgelegenen Tautenburg zu kommen, als ein großes Opfer betrachtete. „Nietzsche war ja gar kein berühmter Mann!" Sie fühlte sich betrogen; wozu sollte sie sich da in diese Einsamkeit setzen und sich über feine Philosophie, die so mißachtet wurde, unterrichten lassen? Das sagte sie mir zwar nicht mit deutlichen Worten, ich konnte es aber aus ihren Handlungen tagtäglich schließen. Eine solche Wirkung des Aufenthaltes in Bayreuth hatte mein Bruder jedenfalls nicht vorausgesehen, ich auch nicht. Ich war zuerst mit ihr sehr freundschaftlich zusammen, da ich sie sehr gern mochte; nachher überließ ich sie den meinem Bruder feindlichen oder gleichgültigen Kreisen, zu welchen sie sich mit Vorliebe hielt. Ich wollte sie in keiner Richtung beeinflussen.

Schließlich entschloß sich Frl. Salomé etwas widerwillig, doch noch nach Tautenburg zu kommen, aber als eine ganz andere, als mein Bruder sie in Rom und besonders in Orta kennengelernt hatte. Der Besuch bei Overbecks und der Aufenthalt in Bayreuth hatte sie ganz verändert. In Jena hat sie sich schon vor ihrer Ankunft in Tautenburg einer Freundin meines Bruders gegenüber zu derem größten Erstaunen sehr mißachtend überihn ausgesprochen. So begann die Einführung in meines Bruders Philosophie – wie es schien nicht zur beiderseitigen Zufriedenheit. Mein Bruder schreibt späterhin, als er einen verehrenden Jüngling in seine Gesamtanschauung einzuführen suchte: „Das Ganze ist übrigens ein Strapaze, die mich an eine frühere Strapaze (Tautenburg, Sommer 1882) erinnert; und zuletzt kenne ich die Welt genug, um zu wissen, was in dergleichen Fällen der Welt Lohn ist.“ Damals zeigte er aber eine unerschütterliche Liebenswürdigkeit und

Geduld, immer in dem Glauben, daß die Schilderung von Malwida wahr sein müßte, und daß es an ihm und seiner Philosophie läge, wenn Frl. Salomé ihre Fähigkeiten nicht zum Ausdruck brächte. Die Schülerin aber langweilte sich und mochte von dieser Langweile in dem entlegenen Walddörfchen Dr. Rée eine blühende Schilderung entworfen haben – kurzum, ich erhielt einen herzlichen, anscheinend ganz harmlosen Brief Dr. Rée's, den ich auch Frl. Saloms zeigen sollte. Dieser Brief gab den Anlaß zu einer für mich erschütternden Szene. Ich übergehe die Einzelheiten, die in meinem Buch: „Der einsame Nietzsche" ausführlich erwähnt sind. Das Schlimmste war für mich, daß bei dieser Gelegenheit Frl. Salomé in ihrem Zorn ihre aufrichtige Meinung über meinen Bruder herausbrachte.

> „Er hätte Gedanken, die kein vernünftiger Mensch verstünde, alle lachten und spotteten über ihn, besonders sie und Dr. Rée; dessen Begabung wäre ja ungleich höher zu stellen und mein Bruder wolle durch das Zusammensein mit ihnen beiden auch nichts weiter erreichen, als den Geist Rée's und ihren eigenen auszubeuten, wie denn überhaupt Nietzsche der größte Egoist sei und seine Freunde ausbeute."

In der Verunglimpfung des Charakters meines Bruders fuhr sie fort und tat darin das Unglaublichste. Aber das Schlimmste bei den Zornesausbrüchen des Frl. Salomé war, daß sie sich bei diesen erwähnten Urteilen durchaus auf Frau Professor Overbeck bezog, was mir damals als die schlimmste Verleumdung erschien, da ich auf beide Overbecks das größte Vertrauen setzte. Ich war versteinert! Dieses Wesen hatten Malwida von Meysenbug und Dr. Rée zu einer Schülerin meines Bruders bestimmt! Natürlich reiste sie sogleich zu Dr. Rée, mit welchem sie sich über den Zwischenfall verständigte, indem sie gewiß eine ganz falsche Schilderung davon gemacht hat.

Es war ausgeschlossen, daß ich diese widerwärtigen Reden von Frl. Salomé meinem Bruder mitteilte. Ich hüllte mich in ein sozusagen entsetztes Schweigen, denn ich fühlte wohl, daß mein Bruder zäh an dem Gedanken festhielt, daß ein intellektuell so begabtes Wesen schließlich auch noch Charaktereigenschaften erreichen müßte, die der hohen Begabung entsprächen. Ich teilte also meinem Bruder von diesen widerwärtigen Reden nichts mit, ließ ihn allein nach Naumburg fahren und blieb in Tautenburg zurück, so daß im Herbst in Leipzig die Zusammenkunft meines Bruders, die mit Dr. Rée und Frl. Salomé verabredet war, ungehindert stattfinden konnte, die allerdings einen höchst unerquicklichen Verlauf nahm. Schließlich hatte mein Bruder doch von jener Szene in Tautenburg mehr gehört, als ich wünschte, durch jene oben erwähnte Freundin, Frau Professor G. in Jena, die nach ihren eigenen Erfahrungen mit Frl. Salomé es für ihre Pflicht hielt, meinen Bruder zu warnen.

Später schrieb mein Bruder darüber an Dr. Rée einen sehr ernsten Brief:

> „Seltsam! Ich habe über Lou eine vorgefaßte Meinung: und obwohl ich sagen muß, daß sie allen meinen Erfahrungen aus diesem Sommer widerspricht, werde ich diese Meinung nicht los.

Eigentlich hat sich Niemand in meinem Leben so häßlich gegen mich benommen wie Lou. Bis heute hat sie jene abscheuliche Verunglimpfung meines ganzen Charakters und Willens nicht widerrufen, mit der sie sich in Jena und Tautenburg einführte: und das obwohl sie weiß, daß es mir in seiner Nachwirkung erheblichen Schaden zugefügt hat. Wer mit einem Mädchen, das solche Dinge sagt, nicht den Verkehr abbricht, der muß ja – ich weiß nicht was – sein, so schließt man. Daß ich es nicht tat, war die Folge jener vorgefaßten Meinung: übrigens ein gutes Stück Selbstüberwindung.

Sie hat mich in Bayreuth nicht nur im Stich gelassen, sondern geringschätzig behandelt – in diesem Punkt bin ich empfindlich, denn daß meine Freunde mein Verhalten gegen Wagner zu würdigen und mir Recht darin zu schaffen wissen, das gehört für mich zum Begriff ‚mein Freund'. Wer diese Dinge nicht begreift, der weiß nichts davon, was es heißt, der Erkenntnis Opfer bringen'.

In der Hauptsache wollte ich ihr die Freiheit lassen, das Geschehene von sich aus wieder gut zu machen: mir ist alles Erzwungene zwischen zwei Personen gräßlich.

Als ich sie das letzte Mal sah, sagte sie mir, sie habe mir noch etwas mitzuteilen. Ich war voller Hoffnung. (Ich sagte zu meiner Schwester, ‚sie hat eine sehr schlechte Meinung von mir, aber sie ist klug, sie wird bald eine bessere bekommen'.)

Wie ich einen Mann behandeln würde, der so über mich zu meiner Schwester redete, darüber ist gar kein Zweifel. Darin bin ich Soldat und werde es immer sein, ich verstehe mich auf Waffen. Aber ein Mädchen!

Ich möchte, daß die schmerzhafteste Erinnerung dieses Jahres mir von der Seele genommen würde – schmerzlich, nicht weil sie mich beleidigt, sondern weil sie Lou in mir beleidigt.

> Können Sie diese Dinge nicht ins Gleiche bringen? Ich habe nie mit Lou davon sprechen wollen – einen einzigen Punkt ausgenommen, von dem Sie wissen.“ –

Rée gab sich die größte Mühe, die ganze Angelegenheit nach allen Seiten hin durch schmeichelhafte Briefe oberflächlich in Ordnung zu bringen und meinem Bruder anders darzustellen, als wie sie wirklich lag. Mir gegenüber behauptete Rée, daß die beiden Overbecks, vorzüglich aber Frau Overbeck, an dem Umschwung der Meinung Frl. Salomé's über meinen Bruder ganz allein schuld sei.

Mein Bruder war in jenem Herbst 1882 ziemlich sechs Wochen mit Dr. Paul Rée und Frl. Salomé in Leipzig zusammen, hatte also genügend Gelegenheit, sie, ihren Charakter und ihre Begabung kennen zu lernen. Es kam bald zu allerhand Differenzen zwischen ihm und der letzteren; er schreibt deshalb an Frl. Salomé Ende Oktober 1882:

> „Ja, ich war Ihnen böse! Aber warum von dieser Einzelheit reden? Ich bin Ihnen alle fünf Tage und öfter noch böse gewesen – und glauben Sie mir, ich habe meine sehr guten Gründe dazu gehabt. Ich werde mehr als durch Handlungen durch Eigenschaften beleidigt.“

In der Tat finden wir höchst ungünstige Aufzeichnungen aus der Leipziger Zeit über den Charakter von Frl. Salomé in einem seiner Notizbücher, die aber sehr übertrieben sind in der Stärke des Ausdrucks und sich nicht zur Veröffentlichung eignen. Wie ich schon an anderer Stelle sagte, wurde mein Bruder im Zorn etwas ungerecht. –

Der Aufenthalt in Leipzig wurde allmählich sehr unbehaglich, und schließlich kam es zum Bruch, denn mein Bruder sah deutlich, daß sich Frl. Salomé nicht die geringste Mühe gab, mit Ernst und Strenge an sich zu arbeiten und ein höchstes Ziel zu verfolgen. Er schrieb an Frl. Salomé Anfang November einen Abschiedsbrief, zu welchem sich noch Entwürfe und Bruchstücke im Notizbuch XXXI (N V11) finden:

> „Aber Lou, was schreiben Sie da für Briefe! So schreiben ja kleine rachsüchtige Schulmädchen. Was habe ich mit diesen Erbärmlichkeiten zu tun! Verstehen Sie doch: ich will, daß Sie sich vor mir erheben, nicht daß Sie sich noch verkleinern. Wie kann ich Ihnen denn vergeben, wenn ich nicht erst das Wesen wieder in Ihnen entdecke, um dessentwillen Ihnen überhaupt vergeben werden kann.
>
> Ich mache Ihnen heute nichts zum Vorwurf, als daß Sie nicht zur rechten Zeit über sich gegen mich aufrichtig gewesen sind. Ich gab Ihnen in Luzern meine Schrift über Schopenhauer – ich sagte Ihnen, daß da meine Grundgesinnungen drin stünden und daß ich glaubte, es würden auch die Ihrigen sein. Damals hätten Sie lesen und Nein! sagen sollen, (In solchen Dingen hasse ich alle Oberflächlichkeit!) – es wäre mir viel erspart geblieben! Ein solches Gedicht, wie das ‚An den Schmerz' ist in Ihrem Munde eine tiefe Unwahrheit. – Sehen Sie, ich habe genau umgekehrt gehandelt: ich schrieb eigens dazu einen Brief an Frau O., um sie zu bitten. Ihnen über meinen Charakter einige (von mir bestimmt bezeichnete) Aufschlüsse zu geben, damit Sie nichts von mir erwarten, was ich nicht gegen Sie leisten konnte.
>
> Ich glaube es kann niemand besser von Ihnen denken, aber auch niemand schlimmer. Sagen Sie nichts, liebe Lou, zu Ihren Gunsten: ich habe schon mehr zu Ihren Gunsten geltend gemacht als Sie konnten – und zwar vor mir und den andern. Menschen solcher Art wie

Sie können nur durch ein hohes Ziel andern Menschen erträglich sein.

Wie verkümmert nimmt sich Ihre Menschlichkeit neben der von Freund Rée aus! Wie arm sind Sie in der Verehrung, der Dankbarkeit, der Pietät, der Höflichkeit, der Bewunderung, Scham – um von hohen Dingen nicht zu reden. Was würden Sie antworten, wenn ich Sie fragte: Sind Sie brav? Sind Sie unfähig des Verrats?

Haben Sie kein Gefühl davon, daß, wenn ein Mensch wie ich in ihrer Nähe ist, er viel Überwindung nötig hat?

Ich könnte es mir leichter mit Ihnen machen: aber ich habe mich schon in so manchen Stücken überwunden, daß ich auch das noch glaube, zu Stande zu bringen: Ihnen zu nützen, wenn Sie mir schaden.

Sie haben es mit einem der langmütigsten und wohlwollendsten Menschen zu tun gehabt: aber bemerken Sie wohl, daß ich gegen alle die kleinen Selbstsüchtlinge und Genüßlinge kein anderes Argument nötig habe, als den Ekel. Ich bin mehr, als irgend ein Mensch glaubt, durch Ekel zu überwältigen. Schreiben Sie mir andere Briefe und besinnen Sie sich auf sich selbst.

Ich habe mich noch nie über einen Menschen getäuscht: und in Ihnen ist jener Drang nach einer heiligen Selbstsucht, welche der Drang nach Gehorsam gegen das Höchste ist. Sie haben ihn wohl zuerst durch irgendwelchen Fluch verwechselt mit seinem Gegensatz, der Selbstsucht und Ausbeutelust der Katze, nichts als das Leben wollend. Denken Sie, jener Katzen-Egoismus, der nichts mehr lieben kann, jenes Lebensgefühl im Nichts, zu dem Sie sich bekennen (Dinge, die man hat, um sie zu überwinden, um sich zu überwinden) sind genau das mir ganz Widerwärtige am Menschen: schlimmer als irgend etwas Böses: eingerechnet die Erkenntnis als plaisir neben anderen plaisirs. – Wenn Sie allem Erbärmlichen in Ihrer Natur die Zügel schießen lassen: wer kann dann noch mit Ihnen umgehen!

Sie haben Schaden getan. Sie haben wehe getan und nicht nur mir, sondern allen den Menschen, die mich liebten – dies Schwert hängt über Ihnen.

Adieu, meine liebe Lou, ich werde Sie nicht wiedersehen. Bewahren Sie Ihre Seele vor ähnlichen Handlungen und machen Sie an anderen und namentlich an meinem Freund Rée gut, was Sie an mir nun nicht mehr gut machen können.

Adieu, ich las Ihren Brief nicht zu Ende, aber ich las schon zuviel.

F. N."

In diesem Abschiedsbrief an Lou drückt Nietzsche sich noch mit jener Höflichkeit aus, die er selbst in den unangenehmsten Fällen denen gegenüber, die ihn beleidigt hatten, versuchte beizubehalten. Erst in dem nachfolgenden Brief an Rée kommt seine wirkliche Meinung über das, was er in jenen fünf Monaten mit Frl. Salomé erlebt und erlitten hat, zum Ausdruck.

„Hören Sie, Freund, wie ich heute die Sache ansehe! Sie ist ein vollkommenes Unglück – und ich bin das Opfer desselben. Ich habe im Frühling gemeint, es habe sich ein Mensch gefunden, der im Stande sei, mir zu helfen: wozu freilich nicht nur ein guter Intellekt, sondern eine Moralität ersten Ranges nottut. Statt dessen haben wir ein Wesen entdeckt, welches sich amüsieren will und schamlos genug ist, zu glauben, daß dazu die ausgezeichnetsten Geister der Erde eben gut genug seien. Das Resultat dieser Verwechselung ist für mich, daß ich mehr als je der Mittel entbehre, einen solchen Menschen zu finden. Denn die ganze Würde meiner Lebensaufgabe ist durch ein so oberflächliches,........ und gemütloses Wesen wie das Lou's in Frage gestellt worden.

Wer konnte ahnen, daß ihre Worte ‚Heroismus', ‚kämpfen für ein Prinzip', ihr Gedicht ‚An den Schmerz', ihre Erzählungen von den Kämpfen für die Erkenntnis einfach Betrügerei sind? (Ihre Mutter schrieb mir in diesem Sommer; Lou hat die denkbar größte Freiheit gehabt.)

Oder steht es anders? Die Lou in Orta war ein andres Wesen, als das, welches ich später wiederfand – ein Wesen ohne Ideale, ohne Ziele, ohne Pflichten,... Sie sagte mir selber, sie habe keine Moral – und ich meinte, sie habe gleich mir eine strengere als irgend Jemand! und sie bringe ihrem Gott täglich und stündlich Etwas von sich zum Opfer.

Einstweilen sehe ich nur, daß sie auf Belustigung und Unterhaltung aus ist: und wenn ich denke, daß dazu auch die Fragen der Moral gehören, so ergreift mich, gelinde gesagt, eine Empörung. Sie hat es mir sehr übel genommen, daß ich ihr das Recht auf das Wort ‚Heroismus der Erkenntnis' absprach, – aber sie sollte ehrlich sein und sagen: ‚ich bin himmelweit gerade davon entfernt'. Beim Heroismus handelt es sich um die Aufopferung und die Pflicht, und zwar die tägliche und stündliche, und dann noch um viel mehr: die ganze Seele muß voll von Einer Sache sein, und Leben und Glück gleichgültig dagegen. Eine solche Natur glaubte ich in Lou zu sehen. –

Aber ich sollte Freunde haben, die mich vor solchen verzweifelten Dingen, wie die dieses Sommers, zur rechten Zeit warnten."

Dieser erschütternde Brief an Rée ist für alle, die etwas von Nietzsche verstehen wollen, das glänzendste Zeugnis, wie stark und tief er seine neue Moral auffaßte, wie viel Strenge und Höhe der Auffassung er von seinen Jüngern forderte und welche

Empörung ihn ergriff, wenn er sah, daß seine Philosophie und die Beschäftigung mit der Moral als eine amüsante Beschäftigung des Scharfsinns betrachtet wurde, anstatt sie als die stärkste Aufforderung zu empfinden, aus sich selbst das Edelste und Beste zu machen. Mein Bruder sah das Auszeichnende eines Menschen nur darin, daß er seine Willenskraft auf das höchste ihm erreichbare Ziel richtete; Geist und Scharfsinn schätzte er dagegen gering.

Ich habe bisher die ganze Anlegenheit Lou Salomé nach den Aufzeichnungen meines Bruders dargestellt und habe geglaubt, daß ich dies wohl tun müßte. Aber ich möchte doch hinzufügen, daß diese Aufzeichnungenmeines Bruders nur dadurch so bitter und scharf geraten sind, daß er eben nach den ersten Darstellungen von Malwida und Dr. Rée sich ein Ideal, sozusagen die Erfüllung seines Wunsches in Frl. Salomé geformt hatte, und daß nur deshalb nach der vollständigen Enttäuschung seine Aufzeichnungen so ausgefallen sind.

Wie sehr gerade Frau Overbeck an diesen bitteren Erfahrungen schuld war, ist ihm erst ungefähr zwei Jahre später zum Bewußtsein gekommen. Sie allein hatte in Basel nach dem Aufenthalt in Rom, Orta und an dem Luzerner See und nach all den warmherzigen Schilderungen Malwidas und Rée's von der wahren Größe Nietzsche's ein so ungünstiges Bild entworfen, daß sich Frl. Salomé in ihrer damaligen, von Malwida und Rée eingeflößten Verehrung für Nietzsche lächerlich vorkam. Hätte nicht diese merkwürdig ungünstige Schilderung von Frau Overbeck vorgelegen, so würde die Stellungnahme in Bayreuth 1882 meinem Bruder gegenüber eine ganz andere gewesen sein. Wie ich schon erwähnte, hat Frl. Salomé im Anfang auf mich einen sehr angenehmen Eindruck gemacht, da ich zunächst nichts von den Hintergründen ahnte und die liebenswürdige Duldung, die sie mir in meiner Verehrung für meinen Bruder zeigte, durchaus mißverstand.

Ich habe mir deshalb auch nach den weiteren Vorkommnissen in Leipzig große Mühe gegeben, die Sache wenigstens äußerlich wieder sozusagen in Ordnung zu bringen; und während meines Bruders und meines langen, gemeinsamen Aufenthaltes in Rom, im Frühjahr 1883, hatte mein Bruder auch eine mildere Vorstellung von den Erlebnissen gewonnen und bei den seltenen Gesprächen darüber klang sogar ein humorvoller Unterton heraus.

Infolgedessen schrieb ich nach diesem Aufenthalt in Rom und der sehr heiteren Rückreise, auf welcher wir verschiedene Orte besuchten, die mein Bruder für eine eventuelle Begründung eines Archivs, an dessen Spitze ich treten sollte, ins Auge faßte, einen Brief an die Mutter von Dr. Rée, über welchen mein Bruder, wie wir aus dem nachfolgenden Brief sehen, sich sehr befriedigt aussprach:

> „Der Brief an Frau Rée ist, literarisch betrachtet, Deine beste Leistung bisher; gebe der Himmel, daß es nie wieder zu solchen Anlässen kommt, Dich literarisch auszuzeichnen! Übrigens kann ich schwören, daß die mir in Deinem Briefe zugesprochene Denk- und Handlungsweise mit der Wahrheit übereinstimmt und nicht nur eine ‚schöne Farbe‘ ist. Mein Mitleid hatte über meinen Stolz gesiegt, und die Absicht zu helfen

> über die Absicht mir zu nützen – (in der ‚Fröhlichen Wissenschaft' steht zu lesen: ‚Wo liegen deine größten Gefahren? – Im Mitleiden').
>
> Rée habe ich auch in dieser Sache viel zu gut behandelt: und ungefähr zehn Briefe an ihn nicht abgeschickt (vielmehr an Stelle eines jeden einen neuen geschrieben, – ich fürchtete immer, er könnte sich das Leben nehmen. Zuletzt hat er über seinen verrückten Freund wohl nur gelacht!)."

Richtig ist, daß die Stellung Dr. Paul Rée's in dieser verwickelten Geschichte weder meinem Bruder noch mir jemals völlig klar geworden ist, aber wir glaubten damals, Ende Juli 1883, daß die Angelegenheit mit Frl. Salomé durch den oben erwähnten Brief an dessen Mutter nun zu einem glücklichen Ende gekommen sei.

Das war ein Irrtum, denn nun kam eine Zeit größter Verwirrung, die mit einer Zusammenkunft Overbecks mit meinem Bruder ihren Anfang nahm. Das Schlimmste nämlich war, daß Frau Overbeck sich wieder in die Sache mischte, vielleicht in dem unbestimmten Gefühl, daß sie die Hauptschuld trug, daß dieses philosophische Unternehmen mit Frl. Salomé mißglückt war. Durch das Eingreifen von Frau Overbeck kam es sogar ein halbes Jahr lang zu Differenzen zwischen meinem Bruder und mir, von welchen ich aber niemals begriffen habe, was die wirkliche Ursache dazu gewesen ist. Es war das erstemal in unserm langen Leben, daß zwischen uns beiden guten Kameraden, die wir so lange Jahre Hand in Hand gegangen waren, Mißverständnisse entstehen konnten. Es mischten sich Leute und

Verhältnisse in diese Rée-Salomé-Angelegenheit hinein, die offenbar persönliche Zwecke damit verfolgten. Zum Beispiel trat plötzlich der Antisemitismus hervor, denn Dr. Rée und Frl. Saloné waren jüdischer Abkunft, woran aber bis dahin niemand Anstoß genommen hatte. Mein Bruder bemerkte sogar zur Entschuldigung von Frl. Salomé, daß durch die gemeinsame Herkunft mit Rée sie von dessen philosophischen Ansichten viel mehr verstände und sie höher schätzte als die seinen.

Erst ein Jahr später, bei einem gemeinsamen, sehr heiteren Aufenthalt meines Bruders mit mir in Zürich, im August 1884, versuchte mein Bruder die sonderbaren Verwirrungen und Mißverständnisse etwas zu klären, jedenfalls wurde damals das Kapitel Rée-Salomé nun wirklich endgültig abgeschlossen.

Dagegen muß ich nun die schon öfters erwähnten schmerzlichen Erlebnisse schildern, die mein Bruderdurch Prof. Overbeck erlitten hat, welche aber nur durch den Einfluß von dessen Frau erklärbar sind. Seit Beginn ihrer Ehe bemühte sich Frau Overbeck ihrem Mann, meinem Bruder und verschiedenen Freunden begreiflich zu machen, daß Nietzsche‘s Anverwandte ihm schadeten, und daß er erst gewürdigt würde, wenn er sich genau wie Schopenhauer, von seiner Mutter und Schwester loslöste. Beide Overbecks trachteten nun, alle für meinen Bruder unangenehmen Vorkommnisse so darzustellen, als ob seine Angehörigen irgendwie damit zusammenhingen; und wie ich schon erwähnte, benutzten sie die Episode Rée-Salomé besonders dazu, sodaß im Winter 1883/84 mein Bruder etwa ein halbes Jahr wirklich geglaubt haben muß, daß an diesen Verdächtigungen irgend etwas Wahres sein könnte. Und so geschah das Merkwürdige, daß im Juni 1884 Overbeck unserer Mutter schrieb, daß er sie bäte, wir sollten uns absolut von Nietzsche trennen. Mit Staunen lasen wir diesen Brief; mit einem um so größeren Staunen, als zu gleicher Zeit eine Depesche meines Bruders aus dem Engadin kam, in der er mich herzlich bat, ihn so schnell wie möglich zu besuchen. Inzwischen hatte nämlich ein Freund, der offenbar die Verhältnisse in Basel sehr genau kannte, ihn mit der Handlungsweise von Frau Overbeck bekannt gemacht. Weshalb Frau Overbeck gegen unsere liebe Mutter kämpfte, ist mir stets unbegreiflich geblieben. Dagegen ist es mir in viel späterer Zeit ganz deutlich geworden, warum sie mich aus dem Leben meines Bruders entfernen wollte. Sie hielt sich nach dem warmen Urteil ihres Mannes für „die gescheuteste Frau in Basel", mich aber fand sie „unbedeutend". Da empörte es sie, wenn mein Bruder ganz instinktiv in irgendeiner Vertrauenssache, von welcher sie wünschte, daß sie ihr übertragen würde, von ihr nicht Notiz nahm, sondern sie mir übertrug; z. B. im Frühjahr 1879, als mein Bruder von Basel wegging und ich mich Winter und Frühjahr in Naumburg bei meiner Mutter befand, die sich nicht wohl fühlte, schrieb Frau Overbeck, ich brauche durchaus nicht nach Basel zu kommen, sie und ihr Mann wollten die ganze Angelegenheit des Wegzugs meines Bruders von Basel ordnen. Beide hatten es sich als eine interessante Sache ausgedacht, in den Schriftstücken meines Bruders allein herumzukramen. Aber mein Bruder telegraphierte mir einfach: „Komme so schnell wie möglich“ und übertrug mir den ganzen Wegzug von Basel in jeder Richtung. Er schrieb darüber beim Abschluß: „Ich freue mich und bin beruhigt, Dich und Niemanden sonst unter meinem Krimskrams zu wissen.“

Ähnliche Vorkommnisse hat es damals wohl mehrere gegeben, aber wir wußten nichts von der Gegnerschaft von Frau Prof. Overbeck und hatten zu dem Freunde Overbeck vollkommenes Vertrauen.

Den Kampf – besonders gegen mich – hat Frau Overbeck in der späteren Zeit mit aller Energie durchgeführt; aber wenn das das einzige gewesen wäre, so würde ich hier kein Wort davon erwähnen. Das bei weitem Schlimmere ist, daß sie Overbeck, der früher meinem Bruder ein treuer, zuverlässiger Freund war, später so vollkommen veränderte, daß er sich dem armen, hilflosen kranken Nietzsche gegenüber so unbegreiflich verletzend benommen hat. Peter Gast schrieb nach der Erkrankung meines teuren Bruders an einen Freund: „Mich dünkt, Nietzsche ist in die Hände seiner Feinde gefallen.“ Und das war richtig. Overbeck hat gewiß im Januar 1839 den kranken Nietzsche aus Turin geholt, aber nur auf das Drängen Jakob Burckhardts hin; das hat mir Jakob Burckhardt selbst erzählt und Overbeck hat zugegeben, daß er eigentlich nicht gewollt habe.

Nun aber muß ich die verschiedenen Tatsachen erwähnen, die mich in der Ferne so unglaublich erschreckt und betrübt haben (ich war damals in Paraguay), als ich nach und nach erkannte, wie wenig Overbeck ein wirklicher Freund meines Bruders war, was ich so von ganzer Seele geglaubt hatte. Ich möchte hier die einzelnen Punkte aufzählen, die meinem Bruder in seinen Angelegenheiten nach seiner Erkrankung so sehr geschadet haben.

1. Obgleich Overbeck die Fürsorge für die Manuskriptemeines Bruders übernommen hatte, ließ er sie dochvöllig unbehütet 14 Tage in Turin, 1 ½ Jahre in Sils-Maria liegen; um die Niederschriften an anderen Orten, wo Nietzsche geweilt hatte, wie z.B. in Genua, hat sich Overbeck überhaupt nicht gekümmert. Was dadurch verloren ging, ist jetzt nicht mehr festzustellen.

2. Overbeck hat Nietzsche nicht verteidigt, als er nach seiner Erkrankung auf die empörendste Weise, z.B. von Prof. Billroth in Wien angegriffen wurde: „Nietzsche wäre als unwürdig von Basel fortgejagt worden" usw. Freiherr von Gersdorff bat Overbeck flehentlich, da ersämtliche ehrenvolle Dokumente für Nietzsches Abgang aus Basel hätte, diese zu veröffentlichen; aber Overbeck rührte sich nicht.

3. Overbeck hatte, ohne unsere liebe Mutter zu fragen, Nietzsche in der Irrenanstalt in Jena auf die dürftigste Weise untergebracht, was absolut nicht nötig war, denn auf der Sparkasse in Basel lagen 8000 Frs., die Overbeck zur freien Benutzung übergeben waren, um Nietzsches Übersiedlung von Turin nach Basel und von Basel nach Jena zu besorgen. Außerdem standen für Nietzsche bei seinem Bankier in Naumburg noch 12000 Mark und seine Pension aus Basel zu seiner Verfügung. Erst durch Dr. Langbehn, der sich über Nietzsches Unterbringung empörte, wurde meiner armen Mutter bekannt, wie ärmlich

dieselbe in Jena war. Geheimrat Binswanger hat sich später wahrhaft entrüstet, daß ihm Overbeck nicht mit einer Silbe verraten hätte, welche Kostbarkeit ihm anvertraut worden war. Denn Overbeck hatte den Kranken so dürftig, ungefähr wie einen emeritierten Landschullehrer angemeldet, ohne durch ein Wort seine hohe Bedeutung ahnen zu lassen.

4. Als Vorwand für diese dürftige Unterbringung gab Overbeck an, daß die Universität Basel Nietzsche ein Drittel seiner Pension entzogen hätte, was außer Overbeck niemand sonst wußte. Die Professoren Von der Mühll und Andreas Heusler haben sich später sehr entrüstet ausgesprochen, daß Overbeck sich nicht gewehrt hätte, denn es hätte nur eines Wortes bedurft, um die Universität auf ihren Irrtum aufmerksam zu machen. Als ich von Paraguay zurückgekehrt war und die Verhältnisse meines Bruders in Ordnung brachte, lehnte ich die Zweidrittel-Pension, die mein Bruder aus Basel erhielt, überhaupt ab, worauf ich dringend von dem Rektor der Universität gebeten wurde, meine Ablehnung zurückzuziehen. Aber ich blieb unerbittlich, weil mich die Handlungsweise der Universität, daß sie Nietzsche in seiner Not im Stich gelassen, so tief gekränkt hatte. Die letzten drei Jahre des Lebens meines teuren kranken Bruders hat die Universität nicht mehr das geringste von der Pension gezahlt und hat sich der Begründung des Nietzsche-Archivs völlig teilnahmslos oder ablehnend gegenübergestellt. Das hat mir außerordentlich weh getan, da mein Bruder für die Universität und für Basel überhaupt immer eine wirkliche Zuneigung

besessen und bewahrt hatte. Overbeck und Frau haben aber stets hervorgehoben, daß die hohe Verehrung, die ich meinem Bruder gegenüber hatte, völlig unberechtigt sei. Das ging so weit, daß, als ich der Universität den reichen schriftlichen Nachlaß Nietzsches anbot, dieses Geschenk sehr unhöflich abgelehnt wurde. Erst danach begründete ich das Nietzsche-Archiv.

Wie schon oft erwähnt, wurde von allen Freunden meines Bruders für diese Vorkommnisse Frau Overbeck, die ihren Mann so stark beeinflußte, die Schuld aufgebürdet und nur Prof. Dr. Rudolph Burckhardt (zu ihrer Entschuldigung möchte ich es hinzufügen) machte auch Overbeck selbst in viel höherem Maße dafür verantwortlich. Er wußte genau, wie sich Overbeck bemüht hatte, die Bedeutung Nietzsches herabzusetzen, und dafür hat Overbeck selbst in seinen „Erinnerungen" ein unanfechtbares Dokument hinterlassen. Er beginnt dieselben mit folgenden Worten: „Nietzsche war kein im eigentlichen Sinne großer Mensch. Kein einziges seiner Talente, so reich begabt er war, sicherte ihm an sich die Größe."

Mit diesen Worten schließe ich das Kapitel der unangenehmen Erlebnisse, die meinen armen Bruder durch zwei Frauen betroffen, und besonders durch den Fall Overbeck lange Jahre so außerordentlich geschadet haben.

Freundliche Begegnungen

Wenn wir nun auch in Nietzsches Niederschriften so sehr viele scharfe Urteile über das, was man damals Frauenemanzipation nannte, finden, so hat mein Bruder es doch durchaus nicht abgelehnt, mit jenen gelehrten Damen zu verkehren. Schon seine Freundschaft mit Malwida von Meysenbug, die doch allgemein als Vorkämpferin der Frauenemanzipation galt, hielt ihn davon ab, sich den Vertreterinnen des Frauenstudiums ganz fern zu halten. Die Emanzipierten der damaligen Zeit nahmen auch allmählich liebenswürdigere Formen an, und vor allen Dingen zeigte es sich, daß die Frauen ausgezeichnete Hilfskräfte waren, also im guten alten biblischen Sinne: Gehilfinnen des Mannes. An Universitäten und Bibliotheken wurden sie als Sekretärinnen und Assistentinnen sehr geschätzt und ich erinnere mich noch, wie lebhaft ein Züricher Professor mir versicherte, daß er noch nie einen so guten Assistenten gehabt habe, wie den gegenwärtigen, den weiblichen. Auch mein Bruder hatte angenehme Erinnerungen an gelehrte Damen in Zürich. Er sprach sehr anerkennend von einer Ärztin, Frl. Dr. Wildenow, besonders aber von der Österreicherin, Frl. Resa von Schirnhofer, für deren Studien und Lebenslauf er sich lebhaft interessierte.

Es gab sehr sympathische Gestalten unter diesen jungen und älteren gelehrten Damen, und Nietzsche hatte Vergnügen daran (allerdings ohne dadurch in seinen Grundansichten beeinflußt zu werden), mit ihnen zu verkehren und freute sich sogar des Stückchens Gelehrsamkeit, das sie mit solchem Eifer erworben hatten. Besonders begegnete er ihnen in Sils-Maria, wohin, wie man mir erzählt hat, eine Reihe junger Studentinnen in den Sommern 1885 bis 1888 nur deswegen gegangen wären, um den Prof. Nietzsche, der ihnen doch als der gefährlichste Frauenfeind erschien, näher kennen zu lernen. Einige davon haben „Erinnerungen"an Nietzsche geschrieben, leider aber erst in späterer Zeit, lange nach der Erkrankung und dem Tode meines Bruders, weshalb wahrscheinlich unabsichtlich viel hineingekommen ist, was die Damen nicht selbst erlebt, sondern anderswo gehört und gelesen haben, wodurch mancher Irrtum entstanden ist. Aber alle diese Damen schildern einmütig die große Liebenswürdigkeit Nietzsches und erzählen, daß er jeden Tag mit ihnen stundenlang spazieren gegangen wäre. Amüsanterweise trafen einmal in kurzer Zeit einige dieser „Erinnerungen" im Nietzsche-Archiv zusammen und Peter Gast bemerkte dazu in seiner humoristischen Art: „Jetzt möchte ich nur wissen, wann Nietzsche gearbeitet hat, wenn er mit diesen Damen täglich so viele Stunden spazieren gegangen ist." –

Aber mit einigen von diesen Besucherinnen von Sils-Maria schloß mein Bruder wirklich Freundschaft. Es waren allerdings Damen, die nicht zu den Emazipierten gehörten, Mrs. Fynn mit ihrer Tochter und Mad. de Mansouroff, Ehrendame der russischen Kaiserin, die er alle Drei in ihrer Art hochschätzte und „sein geliebtes Trio" nannte. Vielleicht wundert man sich, wenn ich hervorheben muß, daß Mrs. Fynn, eine vornehme alte, leidende Engländerin, wohl aber deutscher Abkunft, eine sehr fromme Katholikin war, und daß mein Bruder gerade mit ihr sich am meisten befreundete. Den ganzen Sommer 1884 aß er mit den Damen zu Mittag, zum großen Erstaunen der anderen Kurgäste in Sils-Maria, von welchen er sich bis dahin sehr fern gehalten hatte. Daß sich nun mein Bruder gerade eine besonders fromme alte Dame zum näheren Umgang aufsuchte, zeigt deutlich, wie ich schon an anderer Stelle bemerkte, die Vorliebe meines Bruders für fromme Frauen. Er widmete ihr manches Plauderstündchen und allerhand freundliche Aufmerksamkeiten. Die Tochter, eine begabte Malerin, schrieb in einem französischen Journal eine jener oben erwähnten „Erinnerungen", wie sie und ihre Mutter Nietzsche kennengelernt und er sich ihnen angeschlossen hätte: Ich zitiere daraus den nachfolgenden Satz:

> Bientôt: à l'ébahissement un peu jaloux des autres commensaux de notre hôtel, on vit le philosophe, réputé misogyne, venir journellement s'asseoir des heures auprés de ma chère invalide, l'entourant de soins et de sollicitude, lui offrant le bras pour sa courte promenade, et nous charmer toutes par sa conversation entraînante, familière et originale, dénotant toutefois une érudition exceptionellement universelle et approfondie. Mais aucune pédantisme de professeur, aucun orgueil ni ostentation de son savoir; ce n'est guère par lui-même que nous eussions pu deviner sa réputation."

Besondere Interessen verbanden ihn mit Mad. de Mansouroff, der dritten des Trios. Sie war ungewöhnlichfür Musik begabt und stand mit den berühmtesten Komponisten der damaligen Zeit in Verbindung. Als sie im Herbst 1884 abreiste, schrieb Nietzsche ganz betrübt an Peter Gast:

> „Ach, wir hatten uns so viel zu erzählen, es ist ein Jammer, daß sie fortgeht! Denken Sie doch, eine veritable Schülerin Chopins und voller Liebe und Bewunderung für diesen ‚ebenso stolzen wie bescheidenen' Menschen."

Aber der nächste Sommer 1885 brachte das liebe Trio, also auch Mad. de Mansouroff wieder nach Sils-Maria und wir haben gerade aus diesem Sommer eine sehr hübsche Schilderung durch Prof. Ruthardt aus Leipzig, der den Sommer gleichfalls in Sils-Maria verbrachte und mit Mad. de Mansouroff durch ihre gemeinsamen musikalischen Interessen eng befreundet war. Dieser geistvolle, interessante Mann schreibt von seiner Nietzsche-Begegnung in Zusammenhang mit Mad. de Mansouroff:

> „An einer kleinen Biegung des Waldpfades stand plötzlich Nietzsche vor uns. Die äußere Erscheinung Nietzsches machte mir einen höchst sympathischen Eindruck. Über Mittelgröße, schlank, wohlgestaltet, aufrechter, aber nicht steifer Haltung, die Gebärden harmonisch, ruhig und sparsam, das sehr dunkle Haar, der dichte Vercingetorix-Schnurrbart, sein heller, dagegen lebhaft abstechender Anzug besten Schnittes und Sitzes, ließ ihn so wenig dem Typus eines deutschen Gelehrten gleichen, daß er eher an den eines südfranzösischen Edelmannes oder eines italienischen oder spanischen höheren Offiziers in Zivil erinnerte. Aus

seinen edlen, von vielem Aufenthalt in freier Luft und Sonne gesund gebräunten Gesichtszügen und seinen großen dunklen Augen sprach zwar tiefer Ernst, aber keineswegs der finstere, kantige dämonische Ausdruck, der ihm auf Bildern und Büsten angedichtet worden ist. Nach dem Austausch einiger Höflichkeitsphrasen geleitete er uns, ritterlich bemüht, Fräulein von Mansouroff zu unterhalten, bis an die Schwelle der ‚Alpenrose', dem Hotel, das wir bewohnten. Schon hatte er sich, mir die Hand reichend, aufs artigste verabschiedet, als ihn Fräulein von Mansouroff mit den Worten zurückhielt: ‚Sie sind freundlichst eingeladen, lieber Herr Professor, uns heute abend hier in Nr. 4, erstes Zimmer links zu ebener Erde, das ich als Musikzimmer für mich belegt und mit einem guten von Chur heraufgeschafften Klavier versehen habe, mit Ihrem Besuche zu beehren. Herr Ruthardt wird uns Bach, Chopin, Schumann vorspielen, et nous serons en petit comité.'Nicht ohne eine gewisse Verlegenheit und mit fast leidender Miene fuhr sich Nietzsche über die prachtvoll gewölbte Stirne, indem er klagte: Ich Musik!... Musik tut meinem Zustande nicht gut!' – Das schien mir eine deutliche Absage, wofür ich aber volles Verständnis hatte, denn wer leidet am meisten unter der Aufdringlichkeit der Musik? Ist es nicht der Tonkünstler? Fräulein von Mansouroff raunte mir darauf zu: ‚Er bildet sich's nur ein, krank zu sein.'

An dem betreffenden Abend hatte ich eben mit dem Präludium der Bach'schen Orgelfuge in A-Moll, von Liszt übertragen, begonnen, als ganz wider Erwarten Nietzsche doch erschien und aufmerksam zuhörte. Ich spielte des weiteren das kleine Nocturne in Fis-Dur von Chopin und zuletzt die ‚Kreisleriana' von Schumann. Zwischen den Musikstücken entwickelten sich interessante Gespräche, wobei ich Fräulein von Mansouroff's Erinnerungen an Chopin gierig einsog und Nietzsche's treffende Bemerkungen bewunderte. Über die ‚Kreisleriana' schwieg er sich allerdings ganz aus und ließ der Begeisterung jener Dame freien Lauf."

Leider erkrankte Mad. de Mansouroff bei ihrem nächsten Aufenthalt in Sils-Maria und davon hören wir in einem ganz andern Zusammenhang in einer andern jener oben erwähnten „Erinnerungen", die ich in der englischen Zeitung „Observer" fand, und die besonders in einem Gespräch zwischen dem Herausgeber der englischen Übersetzung von Nietzsches Werken, Dr. Oscar Levy und Miß Helen Zimmern, bestand. Dr. Levy forschte nämlich Miß Helen Zimmern über ihre Beziehungen zu Nietzsche aus, weil er gehört hatte, daß Nietzsche für Miß Helen Zimmern eine Vorliebe gezeigt habe, was auch vollkommen richtig war, da ihr mein Bruder hoch anrechnete, daß sie England mit Schopenhauer bekanntgemacht habe. Aber auf Mad. de Mansouroff kommt erst am Schluß dieser sehr interessanten Unterhaltung die Rede. Zunächst fragte Dr. Levy, in dem geschilderten Artikel, ob Miß Zimmern etwas Krankhaftes im Wesen meines Bruders in jener Zeit gefunden habe. Miß Helen Zimmern antwortete darauf:

„Ich habe niemals eine Spur davon, auch nicht einmal von Überspanntheit bemerkt. Ich möchte im Gegenteil betonen, daß Nietzsche auf mich den Eindruck eines außergewöhnlich gesunden Menschen machte."

Da forschte Dr. Levy weiter, ob Miß Zimmern kein Vorurteil gegen Nietzsche wegen seiner antifeministischen Ansichten gehabt habe, worauf sie sehr temperamentvoll erklärte:

„Alles, was ich hierüber sagen kann, ist, daß sich Nietzsche im persönlichen Verkehr mit mir stets als vollkommener Gentleman benahm. Er war sogar mehr als ein bloßer Gentleman, er besaß sehr viel persönlichen Charme, das, was die Italiener ‚gentilezza' nennen. Ich war natürlich nicht die einzige Frau, gegen die er sich so gut benahm. Ich kann Ihnen von einer sehr bemerkenswerten Handlung Nietzsches erzählen, die meines Wissens bisher nie an die Öffentlichkeit gekommen ist. Es wohntenämlich mit uns im ‚Hotel des Alpes' eine ältliche Dame, eine Russin, eine frühere Hofdame – ich glaube der Zarin –, die einen schweren Nervenzusammenbruch erlitten hatte. Die Saison ging ihrem Ende zu, Sils-Maria war ziemlich kalt geworden und ihre Freunde wünschten, sie in ein wärmeres Klima, nach Italien zu führen. Sie bestellten einen Wagen an's Hotel – denn Sils-Maria war damals wie heute ohne Eisenbahnverbindung –, doch der Wagen mußte im Hotel täglich ohne die Kranke abfahren, denn sie weigerte sich regelmäßig und entschieden ihr Zimmer zu verlassen. Da fragte Nietzsche, der von diesem seltsamen Fall gehört hatte, eines Tages ihre Freunde: Wollen Sie sie mir überlassen?' was sie auch taten. Und eines Mittags, als Wagen und Pferde wieder an der alten Stelle warteten, da erschien in der Tür des Hotels Friedrich Nietzsche zusammen mit der seltsamen Frau, die ihm wie ein Lamm folgte, – sie, die stets und bei der bloßen Andeutung, ihr Zimmer verlassen zu sollen, hysterische Anfälle bekam! Wir alle standen starr, denn es war wie ein Wunder. Und nie erfuhr jemand, wie Nietzsche das fertig gebracht hatte."

Unter der Russin in der Schilderung von Miß Helen Zimmern ist also die liebe Mad. de Mansouroff gemeint, die eine so große Vorliebe für Sils-Maria hatte, weil sie sich dort von der ganzen Welt abgeschlossen fühlte, und nun, leidend wie sie war, ungern in die Welt da draußen zurückkehrte. Sie soll übrigens die wertvollsten Aufzeichnungen aus der Zeit ihres Zusammenseins mit Nietzsche in Sils-Maria verfaßt haben, und zwar in Briefen an eine baltische Freundin. Leider aber habe ich diese Briefe damals nicht erhalten, und sie werden nun wohl in den großen politischen Umwälzungen verlorengegangen sein. Sie müssen nach den Erzählungen der Baronin Isabella Ungern-Sternberg vorzügliche Bemerkungen Nietzsches über Musik, Politik und Land und Leute enthalten haben. Außerdem aber auch viele schalkhafte Einzelheiten über jene oben erwähnten jungen, gelehrten Damen, die, wie sie behauptete, Nietzsche umlagert hätten und sehr eifersüchtig auf jedes freundliche Wort von ihm untereinander gewesen wären.

Aber auch an anderen Orten als Sils-Maria lernte mein Bruder mancherlei Arten von Frauen kennen. Er war doch, seit er seiner Gesundheit wegen die Professur in Basel aufgegeben hatte, immer auf Reisen und deshalb an all den herrlichen Orten, in denen er in der Schweiz und vorzüglich an der Riviera weilte, dazu verurteilt, in Pensionen zu leben. Mich besuchte nun mehrere Jahre nach dem Tode meines geliebten Bruders eine Baronin Plänkner-Seckendorff, die mir nun sehr ausführlich von zwei Winteraufenthalten 86/87 und 87/88 in Nizza erzählte, wo sie in der Pension de Genève mit Nietzsche zusammengetroffen war und monatelang das Pensionsleben mit ihm geteilt hatte. Sie kam zunächst, um Näheres von der Erkrankung des von ihr hochverehrten Prof. Nietzsche zu hören, und erzählte mir nun, wie die ersten kurzen Zeitungsnotizen von seiner geistigen Erkrankung zu ihr gekommen wären und sie gesagt hätte: „Sollte das mein lieber Professor Nietzsche sein?“ Er war damals noch sehr unbekannt und unberühmt. – Nachher aber wären die Zeitungsschilderungen von jenem erkrankten Nietzsche gekommen, daß er ein düsterer Sonderling, kränklich, schwächlich und mit der Welt unzufrieden gewesen wäre, und da habe sie bemerkt: „Ach nein, mein Prof. Nietzsche kann das auf keinen Fall gewesen sein.“ Am Nachmittag habe sie dann ein literarischer Freund besucht und sehr eifrig gefragt: ‚Sie wäre doch zwei Winter mit einem Professor Nietzsche zusammen in Nizza gewesen, von welchem, als dem Verfasser von ‚Jenseits von Gut und Böse‘ und seiner Erkrankung jetzt so viel die Rede sei; sie müsse ihn also kennen und sie möchte ihm doch sagen, wie er gewesen wäre.‘

> „Ach nein“,

habe sie geantwortet,

> „der Nietzsche, den ich kannte, war weder düster, noch schwächlich oder kränklich, noch mißtrauisch gegen seine Umgebung. Mein Prof. Nietzsche war eine kraftvolle Erscheinung, gütig, liebenswürdig und von einem merkwürdigen Gleichmaß der Stimmung. In der Pension wäre um die Tischecke, wo er gesessen hätte, oft gestritten worden.“

Die Baronin Plänkner erzählte noch mancherlei aus der Zeit des Zusammenseins mit meinem Bruder. Aus dem ersten Winter 1886/87 war ihr hauptsächlich das schreckliche Erdbeben im Februar 1887 in der Erinnerung geblieben. Von allen Gästen der Pension wären mein Bruder und eine alte Pfarrerin aus Nordamerika die einzigen gewesen, die merkwürdig ruhig und gefaßt, gewissermaßen in guter Laune dabei geblieben wären. Als die ersten furchtbaren Stöße des Erdbebens gekommen seien, wären sie alle in den großen Garten der Pension geflüchtet, mein Bruder vollkommen zum Ausgehen angekleidet, während andere ziemlich mangelhaft bekleidet gewesen wären. Plötzlich hätte mein Bruder einen gelähmten Herrn vermißt und wäre sogleich nach dem Hause gestürzt, um ihn zu holen, hätte aber zurückkehren müssen, da ein furchtbarer Stoß gekommen wäre, etwa so, als ob ein Riese das Haus genommen und tüchtig geschüttelt hätte. Dann aber wäre mein Bruder in das Haus gestürmt und sie wäre ihm gefolgt; aber o Wunder! Auf der Treppe kommt ihnen der gelähmte Herr, der seit Jahren nicht gehen konnte, angezogen und auf einen Stock gestützt entgegen. Die seelische Erschütterung hatte plötzlich die Lähmung überwunden.

Aus den Wintermonaten Januar bis März 1888 wußte Frau von Plänkner noch manche Einzelheiten des täglichen Lebens zu erzählen: zum Beispiel wenn mein Bruder sich nicht wohl gefühlt hätte, so sei er nicht zum Mittagessen gekommen, das in der Pension gegen Abend stattfand, und habe dann manchmal erklärt, daß er in trüben Stimmungen lieber allein sei. Aber sie habe geglaubt, er wäre trotz seiner Liebenswürdigkeit und Heiterkeit im Umgang überhaupt öfter lieber allein für sich gewesen, denn wenn man ihm auf seinen einsamen Spaziergängen begegnet sei, so hätte er von niemand Notiz genommen. Er habe dann mit leuchtenden Augen so glücklich ausgesehen, daß man wohl gefühlt hätte, daß er mit seinen Gedanken allein so viel lieber zusammen wäre, als mit sonst jemand, und daß man ihn nicht stören dürfe. Doch wäre er zweimal mit ihr nach San Remo gefahren, um Näheres von unserem geliebten „Kronprinzen“ zu hören – so haben wir Kaiser Friedrich III. fast sein ganzes Leben hindurch genannt. Mein Bruder hatte eine außerordentliche Verehrung für ihn und nahm an seiner tödlichen Krankheit den innigsten Anteil. Er betrachtete seinen Tod als ein großes Unglück für Deutschland. Bei seinen Besuchen lernte mein Bruder auch zufällig den Arzt des Kronprinzen, Prof. von Bergmann kennen, der von einer Unterredung mit ihm so stark beeindruckt gewesen sei, daß er die Baronin Plänkner sehr eifrig über ihn ausgeforscht und gesagt habe: „Dieser Professor Nietzsche wäre eminent geistvoll und in jeder Beziehung ein höchst merkwürdiger Mann: er trüge ein geheimnisvolles Glück mit sich herum, das ihm zuweilen wunderbar aus den Augen leuchte.“ – Der ausgezeichnete Arzt und Diagnostiker hatte richtig gesehen!

Mein Bruder war erfüllt von dem Glück des Schaffenden, das half ihm über alle Leiden und Enttäuschungen hinweg; aus tiefster Seele sagt er deshalb: „Schaffen – das ist die große Erlösung vom Leiden und des Lebens Leichtwerden.“ Wenn er sich manchmal soeben noch brieflich bitter über seine Freunde und anderes beklagt hatte, und dann hinaus in die herrliche Natur wanderte (er lebte fast immer in den schönsten Gegenden Europas), dann stand plötzlich sein Werk, an dem er arbeitete, mit einem neuen Gedanken von außerordentlicher Tragweite vor seiner Seele, und alles Leid, alle Mißstimmung war vergessen. Das Leben erschien ihm leicht und köstlich. Ich möchte hier einfügen: Ist es überhaupt denkbar, daß ein Mensch, der bei dem ersten Aufleuchten des Gedankens der ewigen Wiederkunft alles Lebens und Geschehens, also auch unseres eigenen Lebens, mit einem Jauchzen des Glückes über die Berge schreitet, daß ein solcher Mensch in seinem Innersten pessimistisch, düster und unglücklich gewesen sein könnte? Das möchten sich doch einmal die Herren Schriftsteller, die ein so falsches Bild von Nietzsche entwerfen, gesagt sein lassen.

Professor von Bergmann hätte sich nach dieser Unterredung sogleich alle Werke Nietzsches, die bis dahin erschienen waren, angeschafft. „Aber", setzte die Baronin Plänkner hinzu, „zu mir wollte Nietzsche nicht von seinen Büchern sprechen, er hat mir sogar gewissermaßen verboten, sie zu lesen." Mein Bruder hat geglaubt, daß dadurch ihre religiösen Ansichten verletzt werden könnten; er nahm in dieser Hinsicht stets die größte Rücksicht.

Die Bekanntschaft meines Bruders mit der liebenswürdigen, heiteren Baronin, die er gern erwähnte, hat aber in jenem Winter kein freundliches Ende genommen, was sie mir in ihrer humoristischen Art recht ergötzlich erzählte. Ein Künstler, der mit ihnen in der Pension wohnte, geriet in Not, und eine Mitpensionärin, jene schon erwähnte alte Pfarrerin aus Nordamerika, unternahm eine

Sammlung unter den Gästen, um dem Künstler zu helfen. Mein Bruder gab 100 Frs., was in der Tat für seine bescheidenen Verhältnisse viel zu viel war. Er hatte auch die alte Dame gebeten, zu anderen nicht davon zu sprechen. Diese war aber so stolz auf den Erfolg ihrer Sammlung, daß sie die reiche Gabe meines Bruders nicht verschwieg, sondern im Gegenteil sich ihrer rühmte. „Ich aber“, erzählte Frau von Plänkner, „war eifersüchtig auf den Erfolg der alten Pfarrerin und bemerkte spitz: ‚Der Herr Professor hätte sich auch lieber für die 100 Frs. einen moderneren Rock anschaffen sollen!‘ Mein Bruder habe immer schöne, feine Wäsche gehabt, aber seine sonstige Kleidung hätte in dem eleganten Nizza etwas altmodisch gewirkt. Diese spitze Bemerkung wurde meinem Bruder zugetragen, und er benahm sich nicht philosophisch, sondern sagte ärgerlich: ‚Er verbäte sich, daß sich die Damen um seine persönlichen Verhältnisse kümmerten.‘“

Frau von Plänkner war sehr bekümmert, weil dieser ganze Vorgang so kurz vor seiner Abreise stattgefunden hätte und keine versöhnende Aussprache mehr zustande gekommen sei. Aber zum Trost konnte ich ihr erzählen, daß mein Bruder ihren guten Rat als durchaus berechtigt empfunden hätte, denn wenige Wochen darauf ließ er sich in Turin einen neuen Anzug machen und schreibt darüber befriedigt an unsere Mutter:

> „Mit den Kleidern scheine ich wirklich wohlgefahren zu sein. Es ist ein eleganter Anzug, der vorzüglich sitzt. Ich habe mir vorgenommen, etwas wieder auf mich zu halten und der Nachlässigkeit im Äußern ein Ziel zu setzen.“

Frau von Plänkner war sehr erfreut, als sie von dieser Briefstelle hörte. Weiteres von ihren Erzählungen aus jener Zeit findet man in dem Kapitel: „Gesamtanschauung", wofür ich ihr immer herzlich dankbar gewesen bin; und ich bin überzeugt, die Leser dieses Buches auch.

Ganz anders, nämlich wahrhaft interessant, ja tief erschütternd waren die Begegnungen mit Nietzsche, die die berühmte Graphologin, Baronin Isabelle von Ungern-Sternberg, damals noch Freiin von der Pahlen, schildert. Bei der ersten Begegnung, im Herbst 1876, als mein Bruder seinen Urlaub von der Universität Basel begann und sich zu Malwida von Meysenbug nach Sorrent begeben wollte, stieg er abends in Genf in einen Schnellzug und fand in einem Coupé erster Klasse Frau von Brevern und Fräulein Isabelle von der Pahlen, die gleich ihm nach Genua fahren wollten. Die Baronin Ungern-Sternberg schildert nun in ihrem Buch über Nietzsche sehr interessant die geistvolle Unterhaltung, die sie fast die ganze Nacht hindurch mit Nietzsche gehabt hatte, nicht ahnend, daß dies eigentlich ihm nicht zuträglich war und daß es besser gewesen wäre, er hätte sich wie Frau von Brevern dem Schlaf ergeben. Frau von Ungern-Sternberg fährt dann fort:

> „In Genua angelangt, stiegen wir unweit des Hafens, in demselben Gasthofe, einem alten Palazzo ab, und verbrachten dort einige Tage in regem Verkehr mit dem, außerhalb der Fachgenossen und des Wagner-Kreises damals noch unbekannten, unberühmten Professor aus Basel. Doch ließ er sich erst am nächsten Morgen wieder blicken: es hatten wohl, wie ich später aus einer

Andeutung seines Begleiters, Dr. Paul Rée's, schloß, die empfindlichen Nerven des Überarbeiteten jene durchplauderte Nacht zu büßen. So mußte er auch ein andermal, Kopfschmerzen halber, auf den gemeinsam verabredeten Ausflug nach der Villa Pallavicini verzichten. Doch unternahmen wir zu dritt manch' schöne Partie, von denen vor allen ein langer nächtlicher Spaziergang durch Genuas malerische Gassen und Gäßchen als Lichtpunkt in meiner Erinnerung dasteht.

Farbenreich und plastisch zugleich ließ Nietzsches Wort Genuas Vergangenheit vor unserm geistigen Auge wieder erstehen. Es erschloß uns das Verständnis für die Kunst der Renaissance und des Barocks, die der Stadt der Paläste, ‚Genova, la superba', der einstigen Nebenbuhlerin Venedigs, ihren Stempel aufgeprägt. Und meine Einbildungskraft spann die Romane aus, die sich – im Stile Boccaccios und Franco Sacchettis – dermaleinst in diesen Prunkgemächern, auf jenen Altanen abgespielt haben mochten. So hoch die Gebäude, so enge die Gäßchen, daß sie sich einander zuzuneigen schienen, und es nur einer Strickleiter, ja in der höchsten Höhe nur eines Sprunges zu bedürfen schien, um vom einen Ballone auf den andren zu gelangen. Wie unbeschreiblich steigerte sich der Genuß an der malerischen Umgebung, wo Nietzsches Beredsamkeit zum Zauber der Gegenwart noch die Schatten der mächtigen Vorzeit heraufbeschwor.

Den Höhepunkt des Abends an ästhetischer Wirkung bildete ein Gang in der ‚Viadegli Orefici', dem Gäßchen der alten Goldschmiede-Innung, drin sich ein offenes Kaufgewölbe an das andre reihte, in feenhaftem Glänze von Silber- und Gold-Filigran erstrahlend. Nachdem das Auge sich am reizenden Anblicke ersättigt, ward bei den Eva-Töchtern auch die Kauflust rege. Ich feilschte, kürte, wählte unter den zierlichen

Sachen und Sächelchen, die es an Duftigkeit und stilvollen Mustern mit jedem Spitzengewebe aufnehmen konnten. Nietzsche bat mich auch für seine Schwester ein Schmuckstück auszusuchen, was ich mit all dem Eifer und der Ausführlichkeit besorgte, die uns Frauenzimmern bei solchen Anlässen zu Gebote steht.

Dieser Einkauf gab mir Anlaß, mich nach seinem Lebensgange, nach Eltern und Geschwistern zu erkundigen. In den liebevollsten Worten rühmte er die seltene Innigkeit des Verhältnisses zu seiner einzigen Schwester Elisabeth, das tiefe Verständnis hervorhebend, das sie stets für ihn gezeigt.

Unser Abschied ward schriftlich genommen, da ein Migräne-Anfall ihn abermals in Fesseln schlug. Doch ward uns bald durch die Gunst des Zufalls noch ein unerwartetes Zusammentreffen in Pisa beschieden.

Frau von Brevern und ich waren durch die Nacht gefahren und um acht Uhr morgens in der stillen Stadt mit dem Wahrzeichen der beiden schiefen Türme angelangt. Wie das auf dem Bahnhof bestellte Frühstück ungebührlich auf sich warten ließ, griff mein Heißhunger nach dem auf dem Tische vorhandenen landesüblichen saueren Weißbrote. Die trockene unschmackhafte Kost spülte ich mit einem Fraschetto Chianti hinunter, nicht ahnend, daß auf nüchternen Magen genossener Wein die Stimmung stark zu erhöhen pflegt. So in rosigster Laune vertrauten wir Beide uns einer Droschke an, und ich jauchzte auf, da ich Nietzsche schwermütig seines Weges ziehend erblickte: ‚So allein, Herr Professor, oh steigen Sie zu uns ein, wir haben ja dasselbe Ziel.'

Nietzsche war sehr dabei und so sahen wir uns zu dritt Dom, Baptisterium und Campo Santo an, durch die Brille feuchtfröhlichen Humors, der ansteckend auf

> meine Genossen wirkte. Selten wohl ward in solcher Stimmung Orcagnas Meisterwerk, das Jüngste Gericht, beschaut. Ich muß ehrlich bekennen, daß manches Erhabene spurlos an mir vorüberging, indes die grotesken Szenen, zwei Teufel zumal, die einen feisten Mönch in den Abgrund zerren, ihres Eindruckes nicht verfehlten. –
>
> Als Kritiker der katholischen Mythologie zeigte Nietzsche sich da von einer ganz neuen Seite, glänzend, witzig und sarkastisch, gleichsam in allen Farben spielend."

Am Bahnhof erwartete die drei Ausflügler Paul Rée, der Nietzsche zu dem Aufenthalt in Sorrent mit Malwida von Meysenbug begleitete und der Frau von Ungern-Sternberg nun erzählte, daß mein Bruder einen Erholungsurlaub begönne, den er von der Universität Basel auf ärztliches Zeugnis erhalten hatte, um seine durch übermäßige Arbeit sehr angegriffenen Nerven und Augen in der südlichen Luft und Stille zu kräftigen. Die Baronin bedauerte nun, Nietzsche allzu sehr in Anspruch genommen zu haben; was sie aber, wie es scheint, nicht hinderte, meinen Bruder weiterhin zu lebhaften Auseinandersetzungen zu veranlassen.

Viele, viele Jahre später, im Juni 1900, als mein teurer Bruder schon mehr als elf Jahre geistig gelähmt als geliebter Kranker von mir sorglichst gepflegt wurde, kam auch Isabelle von der Pahlen, die sich inzwischen mit dem Baron Ungern-Sternberg verheiratet hatte, nach Weimar. Sie schildert in bewegten Worten ein Wiedersehen mit dem innig verehrten kranken Nietzsche:

„Ein Wiedersehn, ersehnt und gefürchtet, sollte mir auf meine dringende Bitte nach drei Tagen vergönnt sein – und mit mir zugleich einer kleinen Tafelrunde vertrauter, alter und neuer Freunde....

Zu großer Genugtuung gereichte es mir. Gast, den Mann mit dem goldenen empfänglichen Herzen und dem ausdrucksvollen Musikerkopfe, kennen zu lernen. Jüngst gewonnene Anhänger, ein junges Ehepaar von harmonischer Bildung, Adelsmenschen nicht allein der Geburt, sondern der Gesinnung, vervollständigten den sehr kleinen sympathischen Kreis. Es war ein guter Tag für den Kranken, und so geleitete uns Frau Elisabeth hinauf in die Gemächer des Bruders, die abseits von jeder Störung, von jedem Lärm, im oberen Stocke gelegen waren.

Wie ward mir, da ich ihn erschaute in der Hoheit seines Wesens, der so unendlich vertieften Schönheit seelischen Ausdrucks! Die Schönheit des Auges zumal, von keiner Brille mehr verhüllt, war geradezu überwältigend. Von diesen tieftraurigen Augensternen, die in die Ferne zu schweifen und doch nach innen zu schauen schienen, ging eine mächtige Wirkung aus, ein magnetisches geistiges Fluidum, dem sich keine sensitive Natur entziehen konnte.

In weiße Gewänder gehüllt, ruhte er auf einem Diwan, dem ich zaghaft mich nahte, eingeführt von den Worten der Schwester: ‚Liebling, hier bringe ich Dir eine liebe Freundin, der wir uns häufig gemeinsam erinnert haben.‘ Mit beiden Händen umfaßte ich seine schmale, abgezehrte Rechte – dieselbe, die unsterbliche Gedankenreihen, aere perennius, auf das Papier gebannt hatte – und flüsterte: Mir sind uns dereinst, lang, lang ist's her, in Italien, in Genua und Pisa, begegnet.‘ Prüfend, sinnend weilte sein Auge auf mir und suchte dann, unter Schütteln des gewaltigen Hauptes, mit stummer

Frage den Blick der Schwester, die ihm sanfte, liebevolle Koseworte zuraunte.

Unter den Händen von Meister Peter Gast entquollen dem Flügel herrliche Klänge, mächtige Tonwellen, die den Kranken wie mit Zaubergewalt ergriffen und, einem elektrischen Funken gleich, seinen Organismus durchzuckten. Seliges Entzücken malte sich in seinen Mienen, der ganze Körper erbebte in fieberhafter Erregung – und siehe da, neues Leben durchströmte die durchscheinenden, gelähmten Hände. Sie brachen die Fesseln der Lähmung und bewegten sich gegeneinander zum Zeichen des Beifalls. Nicht genug konnte er sich dran tun in dieser Kundgebung der Freude; schon schwiegen die Saiten – doch Aug in Aug mit der Schwester, beredtes Mitempfinden dort heischend und findend – zitterte die wonnige Erregung, ein wahrer Sturm der Begeisterung nach, in Mienenspiel und nicht endenwollendem Beifallsklatschen. Ein Schauspiel für Götter, das zu schauen mir beschieden.

Feuchten Auges, von unaussprechlichen Empfindungen durchwogt, zogen die Zeugen dieses seelischen Aufruhrs sich still und bewegt zurück. Händedruck und Tränen lösten die Spannung der Seele."

Acht Wochen später, am 25. August 1900, starb der teure Kranke.

Gesamtanschauung

Aus den bisherigen Kapiteln (mit Ausnahme eines einzigen) konnte man die fast durchweg liebenswürdigen persönlichen Beziehungen Nietzsche's zu dem weiblichen Geschlecht deutlich erkennen. Aber zum Schluß ist es wohl nötig, die unpersönlichen, philosophischen Betrachtungen meines Bruders in Hinsicht des weiblichen Geschlechts und ihrer höchsten Aufgaben allgemein zusammenzufassen.

In den siebziger Jahren faßte mein Bruder einmal den Entschluß, er wolle ein Buch über „Das Weib" schreiben. Da nun in seinem Leben, wie wir gesehen haben, die Frau und die Liebe eine geringe Rolle gespielt hat, und er immer behauptete, daß die Freundschaft etwas viel Höheres als die Liebe der Geschlechter sei, so war ich sehr verwundert, als mir später Frhr. von Gersdorff erzählte, mein Bruder habe gerade in der Zeit, als er „Schopenhauer als Erzieher" schrieb, öfters bemerkt, er wolle das Frauenproblem wissenschaftlich und mit aller Gewissenhaftigkeit behandeln. Es ist aber doch nichts daraus geworden, denn er fühlte wohl, daß ihm als jungen, unverheirateten Mann in seinem Urteil nicht genügende Kenntnisse zur Seite stünden. So sagte er einmal zu mir: „Über das Weib sollten nur ältere

Männer und jedenfalls nur Ehemänner schreiben.“ Hierzu bemerkte ein Ehemann schwermütig spöttisch: „Ach Gott, wie naiv, als ob das Weib nicht ewig für jeden Mann – ob verheiratet oder unverheiratet – ein Rätsel bliebe.“– Von einem projektierten Buch über das Weib hat sich ein Entwurf der Kapitel-Überschriften erhalten, den ich aber nicht gerade auf jene Zeit zurückführe, als er „Schopenhauer als Erzieher“ schrieb, sondern auf jene Jahre, als sich mein Bruder mit Heiratsabsichten trug.

1. „Die weibliche Beurteilung der Affekte, der einzelnen Tugenden und Laster von Mann und Weib. –
Weib und Arbeit.
Weib und Staat.
Weib und Ruhm.

2. Das weibliche Urteil und der Glaube des Weibesin betreff seines Urteils.

3. Die verhehlte Wirklichkeit und

4. die Unwirklichkeit, welche ein Weib sich verpflichtetfühlt als wahr zu behaupten.

5. Die Verführung der Andern zur guten Meinung über sich, und das Sich-Beugen vor dieser Meinung als einer Autorität.

6. Tempo der weiblichen Affekte.

7. Schwangerschaft als der Kardinalzustand, welcher allmählich das Wesen des Weibes überhaupt gestaltet hat. Relation aller weiblichen Denk- und Handlungsweisen dazu.

8. Die Pflege der Kinder – teils zurückbildend, teils allzusehr entkindlichend. Weiblicher Rationalismus.

9. Verschiedenheit der weiblichen und männlichen Herrschsucht.

10. Das weibliche Gefühl der Vollkommenheit – im Dienen und Gehorchen.

11. Was als unweiblich empfunden wird. Geschichte.

12. Verneinen, zerstören, hassen, sich rächen: warum das Weib darin barbarischer ist als der Mann.

13. Sinnlichkeit von Mann und Frau verschieden."

Aus diesen Gedankengängen oder Kapitelüberschriften kann man Nietzsche's abgeschlossene Meinung über das Thema: „Weib" gewiß nicht erkennen. Sicherlich hat ein großer Teil der jetzt in seinen Schriften verstreuten Aphorismen dazu gehört und es ist außerordentlich bedauerlich, daß er sie nicht selbst in dem geplanten Buch zusammengefaßt hat. Da dies leider nicht geschehen ist, so will ich diesem Kapitel voranstellen, was ein ausgezeichneter Gelehrter, Geheimrat Vaihinger, als Kern von Nietzsche's Gesamtanschauung über das Weib aus den verstreuten Aphorismen herausgelesen hat.

„Höchste Kultur ist für Nietzsche nur da vorhanden, wo kräftige ungezähmte Männer mit mächtigen Leidenschaften sich geltend machen,... wo der natürliche männliche Instinkt des Willens zur Macht nicht verpönt, nicht durch Tausende von Paragraphen eingeengt ist. Darum eben sieht Nietzsche, wie wir fanden, in der staatssozialistischen Strömung eine Gefahr für die Kultur, ein Zeichen der décandence. Ein solches Zeichen muß er konsequenterweise auch in der feministischen Strömung sehen, insofern man darunter die Bestrebungen versteht, die von Natur schwächere Frau künstlich mit männlichen Eigenschaften und Rechten auszustatten und den naturgewollten Unterschied der Geschlechter zu verwischen. Die Natur hat diese Ungleichheit weise geschaffen: sie hat dem Manne größere Stärke gegeben, sie hat ihm den natürlichen Instinkt zum Herrschen verliehen. Es erscheint Nietzsche somit als eine Auflehnung gegen die Natur und damit aber auch als eine Verfälschung der Kultur, die Frauen den Männern gleichzustellen. Die Natur hat den Frauen, als den Schwächeren die Unterordnung, das Dienen und Gehorchen angewiesen, die Vorrechte des Mannes sind die Naturrechte des Stärkeren. So ist für Nietzsche die Tendenz zur Emanzipation der Frauen ein Zeichen der décadence. Dieser Frauenaufstand fordert seinen schärfsten Spott heraus. In diesem Sinne ist Nietzsche Antifeminist. Aber man würde irren, wenn man bei ihm so rohe Ausfälle gegen die Frauen suchen wollte wie bei Schopenhauer: Nietzsche hat Worte der innigsten Verehrung für das, worin er die wahre Bestimmung der Frauen findet, insbesondere für die Funktion der Mutterschaft. Soll doch eben die Ehe dazu dienen, durch vorsichtigste Auswahl die Zukunftsmenschen zu schaffen. In einem feinen Bonmot faßt Nietzsche seine Auffassung des Verhältnisses von Mann und Frau zusammen: Das Glück des Mannes heißt: ‚Ich will!‘ Das Glück der Frau heißt: ‚Er will!‘ Auch die antifeministische Haltung Nietzsches fließt mit logischer Notwendigkeit aus seinen fundamentalen Positionen: er ist Antifeminist in demselben Sinne, in dem er Antisozialist ist: er ist gegen die Bestrebungen, welche die natürliche Ungleichheit der Menschen künstlich aufheben wollen. Die Kultur soll an die Natur anknüpfen und sie fortsetzen, nicht aber der Natur schnurstracks entgegenhandeln.“ –

In diesen vortrefflichen Auseinandersetzungen wird mein Bruder gegenüber der neuen, von den Frauen ersehnten Stellung in Staat und Kultur durchaus mit Recht als Antifeminist bezeichnet, aber das gilt nicht für seine Stellung gegenüber der Frau an sich, wie wir aus all den vorhergehenden Kapiteln ersehen. Da muß ich seine Grundstimmung, nämlich seine väterliche Fürsorge, die er mündlich, schriftlich und im täglichen Leben dem weiblichen Geschlecht gegenüber betont und ausgeübt hat, besonders hervorheben. Natürlich können Väter auch streng sein, wenn die Behüteten falsche Wege einschlagen. Diesen falschen Weg sah er in damaliger Zeit besonders in den Anfängen der Frauenemanzipation, von welcher er annahm, daß sie dem weiblichen Geschlecht sehr schädlich sein würde. So schreibt er zum Beispiel:

> „Genau weil ich eine höhere und tiefere, auch wissenschaftlichere Auffassung des Weibes habe, als die Emanzipatoren und Emanzipatricen desselben, wehre ich mich gegen die Emanzipation: ich weiß besser, wo der Frauen Stärke ist, und sage zu ihnen: ‚sie wissen nicht, was sie tun.‘ Sie lösen ihre Instinkte auf mit ihren jetzigen Bestrebungen!“

Er wollte das Weib gewissermaßen in seiner Naturhaftigkeit erhalten, denn er ersehnte eine Stärkung der Vervollkommnung des Menschengeschlechts. Dazu gehören aber vor allen Dingen schöne, starke und gesunde Mütter. Daß nun dieses Ziel auf dem Wege der Gymnasialbildung irgendwie erreicht würde (und damals war diese Gymnasialbildung ohne jede Notwendigkeit), konnte wohl selbst die leidenschaftlichste Verteidigerin der damals neuen Frauenbewegung nicht behaupten. Mein Bruder schrieb: „Um alles in der Welt nicht noch unsere Gymnasialbildung auf die Mädchen übertragen! Sie, die häufig aus geistreichen wißbegierigen, feurigen

Jungen Abbilder ihrer Lehrer macht." In den damaligen Gymnasien wurde allerdings außerordentlich wenig Rücksicht auf Gesundheit und körperliche Pflege genommen. Aber Nietzsche war überhaupt dagegen, das Gehirn der Frauen mit allzuviel Wissen, das man immer Kultur nannte, zu belasten und schreibt besorgt:

> „Man will die Frauen überhaupt noch mehr ‚kultivieren' und wie man sagt, das ‚schwache Geschlecht' durch Kultur stark machen, als ob nicht die Geschichte so eindringlich wie möglich lehrte, daß ‚Kultivierung' des Menschen und Schwächung – nämlich Schwächung, Zersplitterung, Ankränkelung der Willenskraft – immer miteinander Schritt gegangen sind, und daß die mächtigsten und einflußreichsten Frauen der Welt (zuletzt noch die Mutter Napoleons) gerade ihrer Willenskraft – und nicht den Schulmeistern! – ihre Macht und ihr Übergewicht über die Männer verdankten."

Wenn sich Nietzsche also gegen die Emanzipationsbewegung wendet, so tut er es mit einer gewissen Verwunderung, daß unser sonst so kluges Geschlecht sich solche Torheiten gestattet:

> „Es ist Dummheit in dieser Bewegung, eine beinahe maskulinische Dummheit, deren sich ein wohlgeratenes Weib – das immer ein kluges Weib ist – von Grund aus zu schämen hätte."

Er hatte von der praktischen Klugheit der Frauen, die sie seit Urzeiten bewiesen haben, eine außerordentlich gute Meinung und schreibt das Urteil des Hesiod bekräftigend:

> „Ein Zeichen für die Klugheit der Weiber ist es, daß sie es fast überall verstanden haben, sich ernähren zu

lassen, wie Drohnen im Bienenkorbe. Man erwäge doch aber, was das ursprünglich bedeuten will und warum die Männer sich nicht von den Frauen ernähren lassen. Gewiß weil die männliche Eitelkeit und Ehrsucht größer als die weibliche Klugheit ist: denn die Frauen haben es verstanden, sich durch Unterordnung doch den überwiegenden Vorteil, ja die Herrschaft zu sichern. Selbst das Pflegen der Kinder könnte ursprünglich von der Klugheit der Weiber als Vorwand benutzt sein, um sich der Arbeit möglichst zu entziehen. Auch jetzt noch verstehen sie, wenn sie wirklich tätig sind, zum Beispiel als Haushälterinnen, davon ein sinnverwirrendes Aufheben zu machen: so daß von den Männern das Verdienst ihrer Tätigkeit zehnfach überschätzt zu werden pflegt."

Es ist richtig, daß mein Bruder gegen die banale Verhimmelung der deutschen Frau und Hausfrau, wie sie damals in Zeitungen und bei Festessen laut wurde, eine gewisse Abneigung hatte. Er war ein zu guter Europäer, um nicht ein wenig spöttisch zu blicken, wenn alle weiblichen Tugenden und Vorzüge einzig dem deutschen Weibe zuerkannt wurden. Aber einen Typus der deutschen Frau hat er stets anerkannt und als den der deutschen Natur gemäßesten bezeichnet. Es ist die deutsche Landedelfrau, die mit dem ruhigen Selbstbewußtsein und den Formen der guten Rasse das umfangreiche Gebiet ihres Hauswesens beherrscht und durch Gesundheit, Natürlichkeit, frohen Lebensmut und tatkräftige Frömmigkeit einen so erfreulichen Anblick gewährt. Mein Bruder hat sich dieses Ideal vielleicht nicht nur aus der damaligen Gegenwart, sondern möglicherweise auch nach den homerischen Dichtungen gebildet.

Auch dort finden wir die am meisten verehrte Frau nicht in der Öffentlichkeit, sondern als beste Ratgeberin ihres Gatten und ihrer Kinder, als weise Herrscherin eines ausgedehnten Hauswesens, die sich voll edler Würde, Bescheidenheit, Geduld und Selbstbeherrschung dem Willen des Mannes unterordnet, – selbst in bedenklichen Fällen, wenn er ihr zum Beispiel eine Nebenfrau zuführt. Andromache findet dafür Worte verzeihender Milde, daß Hektor der „Betörung durch Kypris" erlegen ist. Hierzu bemerkt Nietzsche später: „Die Güte einer Ehe bewährt sich dadurch, daß sie einmal eine ‚Ausnahme' verträgt."

Man sieht also, daß mein Bruder dem weiblichen Geschlecht durchaus nicht feind war, ja daß er bestimmten Frauentypen tief verehrend gegenüberstand und das wird man aus den bisherigen Kapiteln, besonders über „Cosima Wagner" und „Malwida von Meysenbug" deutlich erkennen. Daß er geistreiche und berühmte Frauen verehrte, ist indessen weder ihm noch andern Männern als Verdienst anzurechnen, daß er jedoch auch einfachen Frauen gegenüber, sogar solchen, die nicht zu den Zierden ihres Geschlechts gehörten, voller Güte und Höflichkeit war, ist mir von Damen und Herren, die mit ihm monatelang in den Pensionen der Schweiz und der Riviera zusammen gewesen waren, mit rührendem Lob ausführlich bestätigt worden, besonders von sehr frommen Frauen, für welche mein Bruder eine starke Vorliebe zeigte, vielleicht weil er sich dabei in Dankbarkeit unserer lieben Mutter erinnerte. Er behauptete sogar, „daß ein Weib ohne Frömmigkeit für einen tiefen gottlosen Mann etwas vollkommen Widriges oder Lächerliches wäre". Aber die frommen Frauen, die ihn kennengelernt oder durch andere von ihm gehört hatten, erwiderten auch seine freundliche Wertschätzung und sprachen in der rührendsten Weise über ihn. Sie konnten es gar nicht begreifen, daß dieser edle gütige Mensch kein guter Christ sein sollte und beklagten immer diesen Irrtum. Am poetischsten hat dies die Schwester unserer verstorbenen Kaiserin, Prinzessin Feodora in einem an Nietzsche gerichteten Gedicht ausgedrückt.

„Und alle Engel wandten sich und weinten.
Denn er ging irre, – einer von den ihren –
Er fehlte seines Wegs und zog in's Dämmern." –

Alle, die Nietzsches Persönlichkeit und seine Philosophie wahrhaft kennen, werden den Ausdruck „einer von den ihren", in dem schönen Gedicht mitempfinden, denn mit Recht ist gesagt worden: Nietzsche war einer der religiösesten und edelsten Menschen des 19. Jahrhunderts. –

Zuweilen begegne ich einer Auffassung, der durchaus widersprochen werden muß. Man behauptet nämlich, der einsame Nietzsche hätte zuwenig Frauen gekannt, um so umfassende Urteile abgeben zu können, wie er es getan hat. Gerade das Gegenteil ist wahr, wie wir aus den verschiedenen Kapiteln ersehen. Die große Einsamkeit meines Bruders war durchaus innerlich; er hat von Ende der siebziger Jahre an niemanden mehr gefunden, mit welchem er ein inniges Wort des Verständnisses hätte austauschen können. Aber äußerlich betrachtet lebte er fast immer in einem großen Kreise gebildeter europäischer Frauen. Man vergißt, daß Nietzsche bei seinen Aufenthalten in der Schweiz und in Italien, besonders an der Riviera genötigt war, fast stets in Fremdenpensionen zu leben, nur in Genua und in Turin konnte er sich ein eigenes Leben zimmern, teilweise auch in Sils-Maria; sonst aber war die Fremdenpension sozusagen sein Schicksal, wo die Frauen vorherrschend sind. In befreundeten und verwandtschaftlichen Kreisen ist der Beobachter durch persönliche Empfindungen in der Kritik beengt. Aber in Fremdenpensionen tagtäglich unter Frauen aller Nationen zu leben und sie in ihrem naiven Egoismus, der sich gerade da besonders deutlich zeigt, zu beobachten, ist für einen Philosophen nicht ohne Reiz und jedenfalls wertvoll für seine Reflexionen. Er verwunderte sich tagtäglich, wie er mir einmal sagte, über das geringe Wohlwollen der Frauen untereinander. Deshalb begegnen wir in seinen Aufzeichnungen öfters demselben Gedanken, den wir in dem oft wiederholten und mißverstandenen Rate des alten Weibleins an Zarathustra: „Du gehst zum Weibe, vergiß die Peitsche nicht", wiederfinden, nämlich daß wir Frauen gegeneinander viel unfreundlicher gesinnt sind, als wie die Männer gegen uns. Er schreibt zusammenfassend:

> „Ganz im Großen gerechnet dünkt mich, daß bisher ‚das Weib' am meisten von den Weibern geringgeachtet worden ist – und durchaus nicht vom Manne."

Ich muß also feststellen, daß die meisten der schalkhaften, scharfsinnigen, sogar etwas boshaften Bemerkungen meines Bruders auf diese monatelangen

Erfahrungen in jener Welt der Fremdenpensionen zurückgehen, an welcher er aber auch, wie es scheint, Vergnügen gefunden hat, zum Beispiel wenn er schreibt:

> „Die Frauen in Europa, ganz abgesehn von ihrem eigentlichen Geschäfte (‚Kinder zu legen') sind zu vielen guten Dingen nütze. Mit Wienerinnen ist es angenehm zu tanzen. Mit einer Französin kann man causer, mit einer Italienerin poser, mit einer Deutschen – oser. Unter den Jüdinnen giebt es allerliebste Schwätzel-Weiber, das Muster davon, ganz in Goethische Spitzen und Selbstgefälligkeiten gewickelt, war die Rahel. Eine Russin hat gewöhnlich Etwas erlebt, bisweilen Etwas gedacht. Engländerinnen wissen auf die weiblichste und himmlischeste Weise zu erröten, beinahe ohne Grund, gleich den Engeln: – kurz, man kommt nicht zu Ende, wenn man die Nützlichkeit des Weibes – Etwas, woran alle Welt glaubt, – erst noch nach dem Vorbilde der englischen utilitarians steif und standhaft beweisen wollte."

Meiner ersten Bemerkung entgegen muß ich doch einiges Persönliche in diesem Kapitel „Gesamtanschauung" einfügen. Durch die früher schon erwähnte Baronin Plänkner-Seckendorf hörte ich nämlich besonders viel aus den beiden Wintern 1886/87 und 1887/88, die mir als Hintergrund zu den obigen schalkhaften Bemerkungen kleine reizende Vorkommnisse erzählte, die das Pensionsleben ergötzlich machten. In dem Kapitel: „Freundliche Begegnungen" ist schon ausführlicher von diesen Aufenthalten in Nizza und den Erzählungen der Baronin die Rede gewesen. Hier möchte ich nur erwähnen, wie sehr sie hervorhob, welch geistreicher, liebenswürdiger Plauderer Nietzsche gewesen wäre und man habe deutlich empfunden, daß er dieses Plaudern mit anmutigen Frauen, selbst wenn sie nicht übermäßig geistreich waren, als eine Erholung betrachtet habe. Eine kleine Notiz Nietzsche's drückt das deutlich aus:

> „Wir Vornehmen haben Wohlgefallen an den Frauen als an einer vielleicht kleineren, aber feineren und leichteren Art von Wesen. Welches Glück, Wesen zu begegnen, die immer Tanz und Torheit und Putz im Kopfe haben! Sie sind das Entzücken aller sehr gespannten und tiefen Mannesseelen gewesen, deren Leben mit großer Verantwortlichkeit beschwert ist."

Und ebenso schalkhaft schreibt er an anderer Stelle:

> „Unterschätzen wir auch die flacheren, lustigen, lachsüchtigen Weiber nicht, sie sind da zu erheitern, es ist viel zu viel Ernst in der Welt. Auch die Täuschungen auf diesem Gebiete haben ihren Honigseim. – Wenn die Frauen tüchtiger, inhaltsreicher werden, so giebt es gar keine sichere Stätte für harmlose Torheit auf der Welt mehr. Liebeshändel gehören unter die Harmlosigkeiten des Daseins."

Auch für eine andere Bemerkung meines Bruders gab die Baronin eine Erklärung, zum Beispiel daß die Frau eigentlich verschließbarer Besitz des Mannes sein sollte. Es wäre nämlich in der Pension eine verheiratete wunderschöne Schwedin gewesen, die sie alle entzückt hätte. Als aber Nietzsche mit der Baronin und dem schwedischen Ehepaar zusammen in einem Konzert gewesen wäre, hätte sich Nietzsche über die lüsternen Blicke empört, mit welchen diese wunderschöne Frau von seiten der Männerwelt verfolgt worden wäre. Daraufhin hätte mein Bruder eine ähnliche Bemerkung im Sinne der obigen gemacht.

Mit den Frauenschilderungen der französischen Romanciers der damaligen Zeit ist Nietzsche nie einverstanden gewesen, denn seine Auffassung ist immer ins Weite und Tiefe gegangen:

> „Man muß hier nicht aus dem Winkel urteilen, wie die Herren Pariser, die das Weib als Krankheit, das heißt ihren Zufall von Paris und neunzehntem Jahrhundert, zur Lösung vom Problem ‚Weib' überhaupt benutzen, – man muß ein wenig Geschichte des Weibes kennen. Daß zum Beispiel an sich schon das Weib das ‚schwächere' Geschlecht fein sollte, ist historisch ebensowenig als ethnologisch aufrechtzuerhalten: fast überall finden sich Kulturformen – oder fanden sich – wo die Herrschaft beim Weibe ist. Es ist ein Ereignis, es ist, wenn man will, eine Art Entscheidung im Schicksal der Menschheit, daß das Weib endgültig unterlag, – daß alle Instinkte der Unterliegenden obenauf in ihm kamen und den Typus Weib schufen. ... Zweifeln wir nämlich nicht daran, daß erst seitde m das Weib etwas Bezauberndes, Interessantes, Vielfaches, Listiges ist, – ein Filigran von unausrechenbarer Psychologie: es hat damit aufgehört, langweilig zu sein. ... Die Macht ist langweilig – man sehe sich doch das ‚Reich' an! ... Wäre es überhaupt auf Erden auszuhalten, wenn nicht das Weib ein Genie der Unterhaltung und der Anmut, wenn es nicht Weib geworden wäre? – Aber dazu muß man schwach sein. ... Auch ein Genie in der Bosheit! Ein wenig Mänade selbst!"

Man sieht, daß Nietzsche das Problem „Weib" bis in die Extreme verfolgt hat. –

Epilog:

Gedanken Nietzsche's über die Ehe

Wer sich aus den früheren Essays der Lebens- und Liebesgeschichten Nietzsche's eine Schlußfolgerung gemacht hat, und sich vor allen Dingen der gewissermaßen humoristischen Behandlung der ihm von seinen Freunden vorgeschlagenen Verheiratungspläne erinnert, der wird vielleicht ein gewisses Erstaunen empfinden, mit welchem Ernst Nietzsche später gerade die Ehe so außerordentlich wichtig nimmt und verherrlicht und im Zarathustra als das erstrebenswerteste Ideal hingestellt hat, wohlverstanden die vollkommene Ehe.

Wir sehen aber aus den verschiedenen Kapiteln, daß später von seiner Verheiratung nicht mehr die Rede ist, und er hat die Gründe in dem schon zitierten Brief an Gersdorff sehr gut zusammengefaßt: „Geheiratet wird nicht; zuletzt hasse ich die Beschränkung und die Einflechtung in die ganze ‚zivilisierte' Ordnung der Dinge so sehr, daß schwerlich irgendein Weib freisinnig genug ist, um mir zu folgen. – Immer mehr kommen mir die griechischen

Philosophen als Vorbilder der zu erreichenden Lebensweise vor die Augen.“

Für andere hatte Nietzsche natürlich andere Gründe für Heiraten oder Nichtheiraten, und so erinnere ich mich, daß er einmal einen jüngeren Freund, der Junggeselle bleiben wollte und sich recht humoristisch über etwaige Eheabsichten ausbreitete, mit großem Ernst auf die Wichtigkeit und hohe Bedeutung der Ehe aufmerksam machte. Was mir aber bei dieser Unterhaltung als noch merkwürdiger vorkam, waren meines Bruders Ansichten über die Stellung der Junggesellen, die er im Staat als eine verwerfliche bezeichnete, als ob diese nicht die Hauptpflicht ihres Lebens erfüllten. Damals hörte ich zum erstenmal, wie gewissermaßen ein Junggeselle bestraft werden müsse, wenn er dieser seiner Pflicht nicht nachkäme. Sehr emphatisch schloß mein Bruder seine Rede mit den Worten an den oben erwähnten jungen Verehrer: „Wie viel wertvoller ist ein Vater mit vier Söhnen als ein dürftiger Junggeselle!“ In seinen Privatnotizen fand sich späterhin das Resumé jener damaligen Rede, die er dem jungen Freund gehalten hat und mit dem höchsten Erstaunen erkennen wir, daß sie der Gesetzgebung des neuen Reichs vorgeschwebt haben muß, so wunderbar treffen die Anschauungen Nietzsche's mit den gegenwärtigen Gesetzen zusammen.

> „Zur Zukunft der Ehe: eine Steuer-Mehrbelastung (bei Erbschaften usw.), auch Kriegsdienst – Mehrbelastung der Junggesellen von einem bestimmten Alter an und anwachsend (innerhalb der Gemeinde). – Vorteile aller Art für Väter, welche reichlich Knaben in die Welt

> setzen: unter Umständen eine Mehrheit von Stimmen. Ein ärztliches Protokoll, jeder Ehe vorangehend und von den Gemeinde-Vorständen unterzeichnet: wobei mehrere bestimmte Fragen seitens der Verlobten und der Ärzte beantwortet sein müssen (‚Familien-Geschichte'); – als Gegenmittel gegen die Prostitution (oder als deren Veredelung): Ehen auf Frist, legalisiert (auf Jahre, auf Monate) mit Garantie für die Kinder; – jede Ehe verantwortet und befürwortet durch eine bestimmte Anzahl Vertrauensmänner einer Gemeinde: als Gemeinde-Angelegenheit."

Nietzsche nahm das Eheproblem außerordentlich wichtig und konnte sich nichts Qualvolleres und für den Charakter Verderblicheres vorstellen, als eine unglückliche Ehe, und so macht er auch dichterisch den oben erwähnten Vorschlag der Versuchs-Ehe:

> „Schlimm-Gepaarte fand ich immer die schlimmsten Rachsüchtigen: sie lassen es aller Welt entgelten, daß sie nicht mehr einzeln laufen.
>
> Deswillen will ich, daß Redliche zu einander reden: ‚wir lieben uns: laßt uns zusehn, daß wir uns lieb behalten! Oder soll unser Versprechen ein Versehen sein?'
>
> – ‚Gebt uns eine Frist und kleine Ehe, daß wir zusehn, ob wir zur großen Ehe taugen! Es ist ein großes Ding, immer zu Zwein sein!'
>
> Also rate ich allen Redlichen; und was wäre denn meine Liebe zum Übermenschen und zu Allem, was kommen soll, wenn ich anders riete und redete!"

Da es nun ein so schwieriges Ding ist, immer zu zweien zu sein, so sollte nach den Ansichten Nietzsche's nicht Verliebtheit, sondern eine tiefe Freundschaft der Grund zur Ehe sein. Er schreibt:

„Eine Ehe, eine Freundschaft sollte das Mittel sein, das seltene! unser eigenes Ideal durch ein anderes Ideal zu stärken: wir sollten das Ideal des anderen auch sehen und von ihm aus das unserige!“... „Das Beste an der Ehe ist die Freundschaft. Ist diese groß genug, so vermag sie selbst über das Aphrodisische mildernd hinwegzusehen und hinwegzukommen. Ohne Freundschaft macht die Ehe beide Teile gemein denkend und verachtungsvoll.“

Daß ein Philosoph, dem die Höherbildung der Menscheit, dem der Übermensch und das höchste Führertum für die Allgemeinheit sowohl als für den Einzelfall als das höchste Ideal erscheint, der im Zarathustra für die Frauen schreibt: „Der Strahl eines Sternes glänze in eurer Liebe! Eure Hoffnung heiße: ‚möge ich den Übermenschen gebären!‘“ – daß ein solcher Philosoph die Heilighaltung des Geschlechtslebens, die Heilighaltung der Frau in der Schwangerschaft, überhaupt die Heilighaltung der Frau, daß sie „rein und fein sei, dem Edelsteine gleich, bestrahlt von den Tugenden einer Welt, welche noch nicht da ist“, fordern muß, wird wohl jeder denkende Mensch begreifen und ebenso, daß er von der damals beginnenden Emanzipationsbewegung, die die Frau eben nicht mehr in erster Linie als Gattin und Mutter aufzufassen wünscht, nur eine ungünstige Meinung haben konnte.

Wie ich schon in der Einleitung erwähnte, sagte ein Nietzsche-Verehrer, daß in keinem heiligen Buch der ganzen Welt es herrlichere Worte über die Ehe gäbe, wie im Zarathustra. Man höre nur, mit welchem heiligen, tiefen Ernst er darin junge Männer zur Selbstprüfung auffordert, bevor sie eine Ehe schließen wollen:

„Ich habe eine Frage für dich allein, mein Bruder: wie ein Senkblei werfe ich diese Frage in deine Seele, daß ich wisse, wie tief sie sei.

Du bist jung und wünschest dir Kind und Ehe. Aber ich frage dich: bist du ein Mensch, der ein Kind sich wünschen darf?

Bist du der Siegreiche, der Selbstbezwinger, der Gebieter der Sinne, der Herr deiner Tugenden? Also frage ich dich.

Oder redet aus deinem Wunsche das Tier und die Notdurft? Oder Vereinsamung? Oder Unfriede mit dir?

Ich will, daß dein Sieg und deine Freiheit sich nach einem Kinde sehne. Lebendige Denkmale sollst du bauen deinem Siege und deiner Befreiung.

Über dich sollst du hinausbauen. Aber erst mußt du mir selber gebaut sein, rechtwinklig an Leib und Seele.

Nicht nur fort sollst du dich pflanzen, sondern hinauf! Dazu helfe dir der Garten der Ehe!

Einen höheren Leib sollst du schaffen, eine erste Bewegung, ein aus sich rollendes Rad, – einen Schaffenden sollst du schaffen.

Ehe: so heiße ich den Willen zu Zweien, das Eine zu schaffen, das mehr ist, als die es schufen. Ehrfurcht vor einander nenne ich Ehe als vor dem Wollenden eines solchen Willens.

Dies sei der Sinn und die Wahrheit deiner Ehe....

Aber auch noch eure beste Liebe ist nur ein verzücktes Gleichniß und eine schmerzhafte Glut. Eine Fackel ist sie, die euch zu höheren Wegen leuchten soll.

Über euch hinaus sollt ihr einst lieben! So lernt erst lieben! Und darum mußtet ihr den bittern Kelch eurer Liebe trinken.

Bitterniß ist im Kelch auch der besten Liebe: so macht sie Sehnsucht zum Übermenschen, so macht sie Durst dir, dem Schaffenden!

Durst dem Schaffenden, Pfeil und Sehnsucht zum Übermenschen: sprich, mein Bruder, ist dies dein Wille zur Ehe?

Heilig heißt mir solch ein Wille und solche Ehe. – "

Zweiter Teil

Wie Nietzsche an Frauen schreibt

Vorbemerkung

Es scheint mir wünschenswert, daß durch eine Reihe von Briefen noch deutlicher ausgedrückt wird, wie verbindlich und liebenswürdig sich Nietzsche Frauen gegenüber äußerte. Die nachfolgenden Briefe sind zum größeren Teil unveröffentlicht – abgesehen von denjenigen an Frauen, die in den Briefbänden bereits veröffentlicht sind –. Soweit einige von ihnen publiziert wurden, ist dies doch in so verschiedenen Büchern und Heften geschehen, daß es bisher unmöglich war, von ihrem durchgehenden Ton und Charakter einen Eindruck zu bekommen.

Ich muß hinzufügen, daß ich für den genauen Wortlaut nicht immer einstehen kann, denn für die meisten dieser Briefe liegen uns nicht die Originale vor, sondern nur freundlichst übersandte Abschriften. Die Originale scheinen in der Welt verstreut, und ich wäre sehr dankbar, wenn von den Besitzern etwaige Weglassungen oder Irrtümer dem Archive mitgeteilt würden.

Herr Dr. Karl Schlechta ist so freundlich gewesen, die Herausgabe dieses vorliegenden zweiten Teiles zu übernehmen.

Weimar, März 1935

Dr. h. c. Elisabeth Förster-Nietzsche

Übersicht

Anfang Juli 1868. An Frau Geheimrat Sophie Ritschl, die Gemahlin des berühmten Philologen Geheimrat Prof. Dr. Friedrich Ritschl in Leipzig, der Nietzsche als Student so eifrig förderte.

19. Juni 1870. An Frau Cosima von Bülow.

1874-1878. Drei Briefe an Frl. Mathilde Maier aus Mainz, eine Freundin Richard Wagners, die Nietzsche in Bayreuth kennengelernt hatte und aufrichtig verehrte. Dem ersten Brief ist der „Mahnruf an die Deutschen" beigefügt worden.

1876-1882. Sieben Briefe an Mad. Louise Ott, mit welcher Nietzsche bei den Festspielen in Bayreuth bekannt geworden war, und deren Schönheit, Liebenswürdigkeit und musikalisches Verständnis ihn bezaubert hatte. Sie war Pariserin, aber von deutscher Abkunft.

25. Febr. 1882. An Frau Elise Fincke, geb. Fischer, eine Nietzsche persönlich unbekannte Amerikanerin, die ihm einen verehrenden Brief geschrieben hatte.

1884-1888. Acht Briefe an Frl. Resa von Schirnhofer, eine Österreicherin, für deren Persönlichkeit und Studium Nietzsche ein lebhaftes Interesse hatte.

1885-1888. Neun Briefe an Mrs. Fynn, eine ältere und leidende, sehr liebenswürdige Engländerin deutscher Abkunft, für welche Nietzsche große Verehrung hatte.

28. April 1886. An Frau Prof. Vischer-Heußler, eine herzlich verehrte, uns befreundete Frau, deren ausgezeichneter Gemahl, Prof. Dr. Wilhelm Vischer, in Basel allzufrüh verstorben war.

7. Mai 1886. An Freifrau Irene v. Seydlitz, die sehr liebenswürdige Gemahlin von Nietzsches Freund, dem Frhr. Reinhold v. Seydlitz.

1887-1888. Acht Briefe an Frl. Meta v. Salis-Marschlins, eine sympathische, sehr gelehrte Schweizerin, die für Nietzsches Werke großes Interesse und Verständnis hatte und welche von ihm hoch geschätzt wurde.

Weimar, März 1935

Dr. h.c. Elisabeth Förster-Nietzsche

Anmerkungen

Auf eine kritische Edition der vorliegenden Briefe mußte – was Orthographie und Interpunktion betrifft – in Rücksicht auf das Druckbild und die Bequemlichkeit des Lesers verzichtet werden: der Text wäre infolge der Fehlerhaftigkeit der Vorlagen von Anmerkungsziffern fast verdeckt erschienen. Rechtschreibung und Satzzeichen sind, soweit als möglich, unverändert belassen, da aber die Abschriften eines und desselben Briefes häufig variieren, nach der Vorlage wiedergegeben, welche sich mehr an Nietzsches Gepflogenheiten gehalten zu haben schien. Hinzufügungen des Herausgebers sind in eine spitze Klammer: <…>, Streichungen in eine eckige Klammer: [...] gesetzt.

Datum und Absendeort sind der besseren Übersicht wegen immer an den Anfang gestellt; im Falle einer Abweichung in diesem Punkte von dem Original oder der Urabschrift ist der Platz derselben durch ein Sternchen * bezeichnet.

Lesarten sind – vorzüglich wo Originale vorliegen – in den Anmerkungen kenntlich gemacht: vor der Klammer steht die Lesart des Druckes, nach derselben die der Handschrift.

Weimar, April 1935

Dr. Karl Schlechta

An Frau Sophie Ritschl[3]

Wittekind[4], Anfang Juli 1868

Hochverehrte Frau Geheimrätin,

auch wenn ich das entliehene Buch[5] nicht zurückzuschicken hätte, würden Sie doch heute einen Brief von mir bekommen haben. Denn allzusehr hat mich dieser letzte Sonntag[6] verpflichtet, ein Tag von solcher Anmuth und Sonne, daß die Erinnerung an ihn das Beste ist, was ich aus Leipzig mit in mein einsames Bad gebracht habe. Wenn Sie aber einmal, ich weiß nicht durch welchen Genius geleitet, mir Ihre auszeichnende Theilnahme geschenkt haben, so müssen Sie auch geduldig die Folgen tragen, deren erste dieser heutige Brief sein mag.

Vorgestern mittag bin ich in dem anmaßlichen Badedorf, das sich Wittekind nennt, eingetroffen; es regnete stark, und die Fahnen, die man zum Brunnenfeste aufgesteckt hatte, hingen schlaff und schmutzig herab. Mein Wirt, ein unzweideutiger Gauner mit blauer undurchsichtiger Brille, kam mir entgegen und führte mich in das vor 6 Tagen gemietete Logis, das bis auf ein völlig verschimmeltes Sofa öde war wie ein Gefängniß. Alsbald wurde mir auch deutlich, daß derselbe Wirth für zwei Häuser voller Gäste, also vielleicht für 20-40 Personen, nur Ein Dienstmädchen im Sold habe. Die nächste Stunde brachte mir schon einen Besuch, aber einen so unangenehmen, daß ich ihn nur durch energische Höflichkeit von mir abschütteln konnte. Kurz,

3 Vgl. Fr. Nietzsches Gesammelte Briefe, Berlin und Leipzig 1905, III 50/53.

4 Wittekind: Solbad bei Halle.

5 Louis Ehlert, Briefe über Musik an eine Freundin, 1859.

6 Vor der Reise ins Bad hatte Nietzsche die Familie Ritschl in Leipzig besucht.

die ganze Atmosphäre, in die ich trat, war frostig, regnerisch und verdrießlich.

Gestern habe ich etwas die Natur und die Menschheit des Ortes recognoscirt. Bei Tisch wurde mir das Glück zu Theil, in der Nähe eines taubstummen Herrn und einiger wunderbar geformten Frauengestalten zu sitzen. Die Gegend scheint nicht übel; aber vor Regen und Feuchtigkeit kann man keinen Schritt vorwärtsgehen und sehen. Volkmann[7] hat mich besucht und mir die hiesigen Bäder verordnet, im Übrigen eine Operation in nahe Aussicht gestellt.[8] –

Wie danke ich Ihnen, daß Sie mir das Buch Ehlerts mitgaben, ein Buch, das ich am ersten Abend, bei kläglicher Beleuchtung, auf dem Schimmelsofa las und mit Vergnügen und innerer Erwärmung las. Böse Menschen könnten sagen, daß das Buch aufgeregt und schlecht geschrieben sei. Aber das Buch eines Musikers ist eben nicht das Buch eines Augenmenschen; im Grunde ist es Musik, die zufällig nicht mit Noten, sondern mit Worten geschrieben ist. Ein Maler muß die peinlichste Empfindung bei diesem Bildertrödel haben, der ohne jede Methode zusammengeschleppt ist. Aber ich habe leider Neigung für das pariser Feuilleton, für Heines Reisebilder usw. und esse ein Ragout lieber als einen Rinderbraten. Was hat es mich für Mühe gekostet, ein wissenschaftliches Gesicht zu machen, um nüchterne Gedankenfolgen mit der nötigen Dezenz und alla breve niederzuschreiben. Davon weiß Ihr Herr Gemahl auch ein Lied zu singen (nicht nach

7 Volkmann: Richard von, Professor der Chirurgie in Halle.
8 Nietzsche hatte sich während seiner Militärdienstzeit in Naumburg durch einen unglücklichen Sprung auf das Pferd zwei Brustmuskeln gesprengt und dabei eine langwierige und schwere Entzündung davongetragen.

der Melodie „Ach lieber Franz, noch“ usw.)[9], der sich sehr über den völligen Mangel an „Stil“ gewundert hat. Schließlich ging es mir wie dem Seemann, der auf dem Lande sich unsicherer fühlt als im bewegten Schiff. Vielleicht finde ich aber einmal einen philologischen Stoff, der sich musikalisch behandeln läßt, und dann werde ich stammeln wie ein Säugling und Bilder häufen wie ein Barbar, der vor einem antiken Venuskopfe einschläft und trotz der „blühenden Eile“[10] der Darstellung — recht haben.

Und recht hat Ehlert fast allerwärts. Aber vielen Menschen ist die Wahrheit in dieser Harlekinjacke unkenntlich. Uns nicht, die wir kein Blatt dieses Lebens für so ernst halten, in das wir nicht den Scherz als flüchtige Arabeske hineinzeichnen dürften. Und welcher Gott darf sich wundern, wenn wir uns gelegentlich wie Satyrn gebärden und ein Leben parodiren, das immer so ernst und pathetisch blickt und den Kothurn am Fuße trägt.

Daß es mir doch nicht gelingt, meine Neigung zum Mißklang vor Ihnen zu bergen! Nicht wahr, Sie haben davon schon eine erschreckliche Probe? Hier haben Sie die zweite. Die Pferdefüße Wagners und Schopenhauers lassen sich schlecht verstecken. Doch ich werde mich bessern. Und wenn Sie mir wieder einmal etwas zu spielen erlauben sollten, so werde ich meine Erinnerung an den schönen Sonntag in Tönen formen, und Sie sollen hören, wie Sie es heute lesen, wie hoch diese Erinnerung gilt einem

schlechten Musikanten usw.
Friedrich Nietzsche

---

9 Ein Lied, das Ritschl in heiterer Laune gerne sang.
10 Eine Wendung aus dem Buche Ehlerts.

An Frau Cosima von Bülow[11]

Basel, Sonntag, 19. Juni 1870

Verehrteste Frau Baronin,

wir haben Ihnen zwei herrliche Tage zu danken, ich sogar im Grunde vier, weil ich alles was meinen Freund Rohde berührt mitempfinde und somit diesmal doppelt genießen konnte. R. der am Tage darauf von Basel abreiste, gestand mir den Höhepunkt seiner ganzen fünfzehnmonatlichen Reise ins „Blaue" in Tribschen erlebt zu haben;[12] er hat eine Verehrung und Bewunderung der ganzen gesammten dortigen Existenz mit davon getragen, die durchaus etwas Religiöses hat. Ich verstehe, wie die Athener ihrem Aeschylus und Sophocles Opferstätten errichten konnten, wie sie dem Sophocles den Heroennamen „Derion" gaben, weil er die Götter in seinem Hause aufgenommen und bewirthet hatte. Dies Dasein der Götter im Hause des Genius erweckt jene religiöse Stimmung, von der ich berichtete.

Hier sind die beiden Aufsätze,[13] recht spät: aber der Abschreiber hat etwas gebummelt und der Buchbinder sich nicht beeilt. –

11 Vgl. zum ersten Teil dieses Briefes „Wagner und Nietzsche zur Zeit ihrer Freundschaft" von E.Förster-Nietzsche, München 1915, S. 50.

12 Erwin Rohde, der über ein Jahr in Italien gewesen war, besuchte Nietzsche nachher in Basel. Die beiden Freunde unternahmen zusammen mit Nietzsches Mutter und Schwester eine kleine Reise ins Berner Oberland. Hier trennte sich dann die Gesellschaft, und Nietzsche begab sich mit Rohde nach Triebschen, um diesen seinem Freunde Wagner vorzustellen.

13 Die beiden Aufsätze: „Das griechische Musildrama" (erschienen als erste Jahresgabe der Gesellschaft der Freunde des Nietzsche-Archivs, Leipzig 1926) und „Sokrates und die Tragödie" (zum ersten Mal vollständig als zweite Aahresgabe der gleichen Gesellschaft, Leipzig 1927 publiziert).

Meine Arbeitsnoth ist noch etwas gesteigert worden. Wenn nur meine Wünsche in Erfüllung gehen, und ich meinen Freund Rohde als Collegen in die Nähe bekomme (nach Freiburg) –

In Sachen Baireuths habe ich mir überlegt, daß es für mich das Beste sein dürfte, wenn ich auf ein Paar Jahre meine Professorenthätigkeit einstelle und auch mit ins Fichtelgebirge wallfahre. Das sind so Hoffnungen, denen ich mich gern hingebe. –

Über Fidi[14] habe ich mich sehr gefreut: es war das erste Mal, daß ich ihn in der rechten Umgebung und Beleuchtung der freien Natur sah, und wie gesund und hoffnungsreich erschien er mir da!

– Ich muß schnell schließen: man kommt, wohl irgend ein „Scholar".

In treulichem Gedenken
Ihr ergebenster
F. N.

14 Fidi: Kosename für den damals kleinen Siegfried Wagner.

An Fräulein Mathilde Maier

1.[15]

Basel, 11. März 1874

Verehrtes Fräulein!

Sie geben mir wieder einen Beweis von hochzuschätzender persönlicher Theilnahme; wie sehr muß ich gerade deshalb bedauern, Ihrem für mich so ehrenvollen Anliegen mit einem Nein zu entgegnen. Nein, das kann ich nicht! Im Namen der Frauen das Wort zu führen ist mir versagt; was ich Ihnen allerdings auf indirekte Weise sogar demonstriren kann. Lesen Sie den mitfolgenden Mahnruf an das deutsche Volk, den ich vorigen Herbst geschrieben habe. So und nicht anders empfinde ich in dieser Sache, so und so stark spreche ich, wenn ich einmal sprechen muß – freilich zu stark selbst für Männer, wie der Erfolg mich damals belehrt hat. Die Vertreter der Wagner-Vereine, die in Bayreuth zusammenkamen, wagten nicht, ihre Namen unter diesen Aufruf zu setzen. Milder über die Sache zu denken habe ich inzwischen nicht gelernt, und die schöne frauenhafte Milde, die Ihrem Geschlecht auch in harten und verzweifelten Lagen ansteht, ist dem meinigen versagt.

Also Verzeihung, wenn ich einfach sage „ich kann nicht".

Übrigens freut es mich sehr, von dem Enthusiasmus der Frau Schott gerade aus Ihrem Munde zu hören. Denn ich zweifelte, offen gestanden, bis jetzt ein wenig an ihm, weil ich weiß, wie thätig, ja wie entscheidend

---

15 Der erste und der letzte Teil dieses Briefes ist veröffentlicht in „Das Leben Fr. Nietzsches", von E. Förster-Nietzsche, II 556/57. Die ersten beiden Drittel des Briefes sind diktiert, das letzte handgeschrieben.

dieser Enthusiasmus sich äußern könnte, und weil ich doch nichts von diesen Äußerungen bis jetzt gehört habe. Sie machen mir, verehrtes Fräulein, wieder Hoffnungen, dadurch, daß Sie mir diesen Enthusiasmus verbürgen.[16]

Auf Ihren tiefen und nachdenklichen Brief über die Geburt der Tragödie schrieb ich Ihnen nicht, ich erwartete immer noch die Gelegenheit der zweiten Auflage jener Schrift, um Ihnen zu danken.

Meinen Augen geht es besser als im vorigen Sommer, doch nicht so befriedigend, als Sie mit Ihrer gütigen Theilnahme vielleicht wünschen möchten.

Ich dictierte bis jetzt, verehrtes Fräulein. Seien Sie nicht böse über das absolute Nein. Übrigens: glauben Sie an die sogenannte „deutsche Frau", daß Sie es wagen würden, sich an sie zur Unterstützung unserer Bayreuther Wunderhoffnungen zu wenden? Glauben Sie? Ich glaube nur an einzelne Individuen, zweifle aber – sträflicher Weise – an allem, was in Zeitungen und Zeitromanen als „deutsches Weib" glorificiert wird.

Dies sage ich Ihnen, weil ich Sie sehr ehre.

Ihr ergebener
Dr. Friedrich Nietzsche

---

16 Zu dieser Stelle hatte die Empfängerin des Briefes nachfolgendes bemerkt: Ich hatte den „Enthusiasmus" in Gänsefüßchen gesetzt, was N., da er seiner kranken Augen wegen die Briefe sich vorlesen ließ, nicht wußte.

Mahnruf an die Deutschen.[17]

Wir wollen gehört werden, denn wir reden als Warner, und immer ist die Stimme des Warners, wer er auch sei und wo sie auch immer erklinge, in ihrem Rechte; dafür habt ihr, die ihr angeredet werdet, das Recht, euch zu entscheiden, ob ihr eure Warner als ehrliche und einsichtige Männer nehmen wollt, die nur laut werden, weil ihr in Gefahr seid und die erschrecken, euch so stumm, gleichgültig und ahnungslos zu finden. Dies aber dürfen wir von uns selbst bezeugen, daß wir aus reinem Herzen reden und nur soweit dabei das Unsere wollen und suchen, als es auch das Eure ist – nämlich die Wohlfahrt und die Ehre des deutschen Geistes und des deutschen Namens.

Es ist euch gemeldet worden, welches Fest im Mai des vorigen Jahres zu Bayreuth gefeiert wurde: einen gewaltigen Grundstein galt es dort zu legen, unter dem wir viele Befürchtungen auf immer begraben, durch den wir unsere edelsten Hoffnungen endgültig besiegelt glaubten – oder vielmehr, wie wir heute sagen müssen, besiegelt wähnten. Denn ach! es war viel Wahn dabei: jetzt noch leben jene Befürchtungen; und wenn wir auch keineswegs verlernt haben zu hoffen, so giebt doch unser heutiger Hülf und Mahnruf zu verstehen, daß wir mehr fürchten als hoffen.Unsre Furcht aber richtet sich gegen euch: ihr möchtet gar nicht wissen, was geschieht und vielleicht gar, aus Unwissenheit, verhindern, daß etwas geschieht. Zwar ziemt es sich längst nicht mehr, so unwissend zu sein; ja fast scheint es unmöglich, daß Jemand es jetzt noch ist, nachdem der große, tapfere, unbeugsame und unaufhaltsame Kämpfer Richard Wagner schon Jahrzehnte lang unter

17 Nach dem von Dr. Heinrich Romundt geschriebenen Druckmanuskript (D 6).

dem gespannten Aufmerken fast aller Nationen für jene Gedanken einsteht, denen er in seinem Bayreuther Kunstwerk die letzte und höchste Form und eine wahrhaft siegreiche Vollendung gegeben hat. Wenn ihr ihn jetzt noch hindern würdet, den Schatz auch nur zu heben, den er Willens ist euch zu schenken: was meint ihr wohl, damit für euch erreicht zu haben? Eben dies muß euch noch einmal und immer wieder öffentlich und eindringlich vorgehalten werden, damit ihr wisset, was an der Zeit sei und damit auch nicht einmal das mehr in eurem Belieben steht, die Unwissenden zu spielen. Denn von jetzt ab wird das Ausland Zeuge und Richter im Schauspiele sein, das ihr gebt; und in seinem Spiegel werdet ihr ungefähr euer eigenes Bild wiederfinden können, so wie es die gerechte Nachwelt einmal von euch malen wird. Gesetzt es gelänge euch, durch Unwissenheit, Mißtrauen, Sekretieren, Bespötteln, Verläumden den Bau auf dem Hügel von Bayreuth zur zwecklosen Ruine zu machen; gesetzt ihr ließet es in unduldsamem Mißwollen nicht einmal zu, daß das vollendete Werk Wirklichkeit werde, Wirkung thue und für sich selber zeuge, so habt ihr euch vor dem Urtheile jener Nachwelt eben so zu fürchten als vor den Augen der außerdeutschen Mitwelt zu schämen. Wenn ein Mann in Frankreich oder in England oder in Italien, nachdem er allen öffentlichen Mächten und Meinungen zum Trotz, den Theatern fünf Werke eines eigenthümlich großen und mächtigen Styles geschenkt hätte, die vom Norden bis zum Süden unablässig verlangt und bejubelt werden – wenn ein solcher Mann ausriefe: „die bestehenden Theater entsprechen nicht dem Geiste der Nation, sie sind, als öffentliche Kunst, eine Schande! Helft mir dem nationalen Geiste eine Stätte bereiten!“ würde ihm nicht alles zu Hülfe kommen und sei es auch nur – aus Ehrgefühl? Und wahrlich! Hier thäte nicht nur Ehrgefühl, nicht nur die blinde Furcht vor der schlechten Nachrede Noth; hier könntet ihr mitfühlen, mitlernen, mitwissen, hier könntet ihr euch aus tiefstem Herzen mitfreuen, indem ihr euch entschlösset, mitzuhelfen. Alle eure Wissenschaften werden von euch freigebig mit kostspieligen Versuchs-Werkstätten ausgerüstet: und ihr wollt unthätig bei Seite stehen, wenn dem wagenden und versuchenden Geiste der deutschen Kunst eine solche Werkstatt aufgebaut werden soll? Könnt ihr irgend einen Moment aus der Geschichte unserer Kunst nennen, in dem wichtigere Probleme zur Lösung hingestellt und reicherer Anlaß zu fruchtbaren Erfahrungen geboten wurde als jetzt, wo der von Richard Wagner mit dem Namen „Kunstwerk der Zukunft" bezeichnete Gedanke leibhafte und sichtbare Gegenwart werden soll? Was für eine Bewegung der Gedanken, Handlungen, Hoffnungen und Begabungen damit eingeleitet wird, daß vor den Augen mitwissender Vertreter des deutschen Volkes der vielgethürmte Nibelungen-Riesenbau nach dem allein von seinem Schöpfer zu erlernenden Rhythmus sich aus dem Boden hebt, welche Bewegung in die fernste fruchtbringendste, hoffnungsreichste Weite hinaus – wer möchte kühn genug sein, dies auch nur ahnen zu wollen! Und jedenfalls würde es nicht an dem Urheber der Bewegung liegen, wenn die Welle bald wieder zurücksinken und die Fläche wieder glatt werden sollte, als ob nichts geschehen sei. Denn wenn es unsere erste Sorge sein muß, daß das Werk überhaupt gethan werde, so drückt uns doch als zweite Sorge nicht minder schwer der Zweifel, wir möchten nicht reif, vorbereitet und empfänglich genug befunden werden, um die jedenfalls ungeheure allernächste Wirkung in die Tiefe und in die Weite zu leiten.

Wir glauben bemerkt zu haben, daß überall wo man an Richard Wagner Anstoß genommen hat und zu nehmen pflegt, ein großes und fruchtbares Problem unserer Cultur verborgen liegt; aber wenn man daraus immer nur einen Anstoß zum dünkelhaften Bekritteln und Bespötteln genommen hat und nur so selten einen Anstoß zum Nachdenken, so gibt dies uns bisweilen den beschämenden Argwohn ein, ob vielleicht das berühmte „Volk der Denker" bereits zu Ende gedacht und etwa den Dünkel gegen den Gedanken eingetauscht habe. Welchen mißverständlichen Einreden hat man zu begegnen, nur um zu verhüten, daß das Bayreuther Ereigniß vom Mai 1872 nicht mit der Gründung eines neuen Theaters verwechselt wird, um andererseits zu erklären, warum dem Sinne jener Unternehmung kein bestehendes Theater entsprechen kann: welche Mühe kostet es, die absichtlich oder unabsichtlich Blinden darüber hellsehend zu machen, daß bei dem Worte „Bayreuth" nicht nur eine Anzahl Menschen, etwa eine Partei mit spezifischen Musikgelüsten, sondern die Nation in Betracht komme, ja daß selbst über die Grenzen der deutschen Nation hinaus alle diejenigen zu ernster und thätiger Betheiligung angerufen sind, denen die Veredelung und Reinigung der dramatischen Kunst am Herzen liegt und die Schillers wunderbare Ahnung verstanden haben, daß vielleicht einmal aus der Oper sich das Trauerspiel in einer edleren Gestalt entwickeln werde. Wer nur immer noch nicht verlernt hat nachzudenken – und sei es wiederum auch nur aus Ehrgefühl – der muß eine künstlerische Unternehmung als sittlich denkwürdiges Phänomen empfinden und begünstigen, die in diesem Grade von dem opferbereiten und uneigennützigen Willen aller Betheiligten getragen wird und mit dem ernst ausgesprochenen Bekenntniß derselben geweiht ist, daß sie von der Kunst hoch und würdig denken und zumal von der deutschen Musik und ihrer verklärenden Einwirkung auf das volksthümliche Drama die wichtigste Förderung eines originalen deutsch ausgeprägten

Lebens erhoffen. Glauben wir doch sogar noch ein Höheres und Allgemeineres: ehrwürdig und heilbringend wird der Deutsche erst dann den anderen Nationen erscheinen, wenn er gezeigt hat, daß er furchtbar ist und es doch durch Anspannung seiner höchsten und edelsten Kunst- und Kulturkräfte vergessen machen will, daß er furchtbar war.

An diese unsere deutsche Aufgabe in diesem Augenblick zu mahnen hielten wir für unsere Pflicht, gerade jetzt, wo wir auffordern müssen, mit allen Kräften eine große Kunstthat des deutschen Genius zu unterstützen. Wo nur immer Herde ernsten Nachsinnens sich in unserer aufgeregten Zeit erhalten haben, erwarten wir einen freudigen und sympathischen Zuruf zu hören; insbesondere werden die deutschen Universitäten, Akademien und Kunstschulen nicht umsonst aufgerufen sein, sich der geforderten Unterstützung gemäß, einzeln oder zusammen, zu erklären: wie ebenfalls die politischen Vertreter deutscher Wohlfahrt in Reichs- und Landtagen einen wichtigen Anlaß haben zu bedenken, daß das Volk jetzt mehr wie je der Reinigung und der Weihung durch die erhabenen Zauber und Schrecken ächter deutscher Kunst bedürfe, wenn nicht die gewaltig erregten Triebe politischer und nationaler Leidenschaft und die der Physionomie unseres Lebens aufgeschriebenen Züge der Jagd nach Glück und Genuß unsere Nachkommen zu dem Geständnisse nöthigen sollen, daß wir Deutsche uns selbst zu verlieren anfiengen, als wir uns endlich wiedergefunden hatten.

2.[18]

(Poststempel: Basel, 15. VII. 78)

Verehrtestes Fräulein,

es ist nicht zu ändern: ich muß allen meinen Freunden Noth machen – eben dadurch daß ich endlich ausspreche, wodurch ich mir selber aus der Noth geholfen habe. Jene metaphysische Vernebelung alles Wahren und Einfachen, der Kampf mit der Vernunft gegen die Vernunft, welcher in Allem und Jedem ein Wunder und Unding sehen will, – dazu eine ganz entsprechende Barockkunst der Überspannung und der verherrlichten Maßlosigkeit – ich meine die Kunst Wagners – dies Beides war es, was mich endlich krank und kränker machte und mich fast meinem guten Temperamente und meiner Begabung entfremdet hätte. Könnten Sie mir nachfühlen, in welcher reinen Höhenluft, in welcher milden Stimmung gegen die Menschen die noch im Dunst der Thäler wohnen, ich jetzt hinlebe, mehr als je entschlossen zu allem Guten und Tüchtigen, den Griechen um hundert Schritt näher als vor dem: wie ich jetzt selber, bis ins Kleinste, nach Weisheit strebend lebe, während ich früher nur die Weisen verehrte und anschwärmte – kurz wenn Sie diese Wandelung und Krisis mir nachempfinden können, oh so müßten Sie wünschen, etwas Ähnliches zu erleben!

Im Bayreuther Sommer wurde ich mir dessen völlig bewußt: ich flüchtete nach den ersten Aufführungen denen ich beiwohnte, fort in's Gebirge, und dort, in einem kleinen Walddorfe, entstand die erste Skizze, ungefähr ein Drittel meines Buches, damals unter dem Titel „Die Pflugschaar".[19] Dann kehrte ich, dem Wunsche

18 Veröffentlicht in „Der einsame Nietzsche" von E. Förster-Nietzsche, Leipzig 1922, S. 55/56.

19 Die ersten Aufzeichnungen, aus welchen später vieles in „Menschliches, Allzumenschliches" übergegangen ist.

meiner Schwester folgend, nach Bayreuth zurück und hatte jetzt die innere Fassung, um das Schwer-Erträgliche doch zu ertragen – und schweigend, vor Jedermann! – Jetzt schüttele ich ab was nicht zu mir gehört, Menschen, als Freunde und Feinde, Gewohnheiten Bequemlichkeiten, Bücher; ich lebe in Einsamkeit auf Jahre hinaus, bis ich wieder, als Philosoph des Lebens, ausgereift und fertig verkehren darf (und dann wahrscheinlich muß).

Wollen Sie mir, trotz alle dem, so gut bleiben, wie Sie mir waren, oder vielmehr, werden Sie es können? Sie sehen, ich bin auf einen Grad der Ehrlichkeit angelangt, wo ich nur die allerreinlichsten menschlichen Beziehungen ertrage. Halben Freundschaften und gar Parteischaften weiche ich aus, Anhänger will ich nicht. Möge Jeder (und Jede) nur sein eigner wirklicher Anhänger sein!

Ihnen von Herzen
dankbar zugethan
F. N.

3.

<Ankunftsstempel: 8.8.78>[20]

.... Wagner<s> Größe können Wenige sosicher überzeugt sein, wie ich: weil Wenige soviel davon wissen. Trotzdem bin ich aus einem unbedingten Anhänger ein bedingter geworden: wie wir ja zu allen Größen der Vergangenheit stehen; ja wie es mir mit meiner eigenen 10jährigen letzten Phase geht – ich billige sie durchaus, kenne aber einen höheren Standpunkt. In Betreff W.'s hatte ich eben das Höhere, sein Ideal geschaut – damit kam ich nach B. – daher meine Enttäuschung. – Zuletzt eine These: die eigentlichen Wagnerianer sind gute, sehr gute Menschen, aber gar keine Musikanten (wie Sie!) und alle mehr oder weniger Obskuranten (ich denke an Ihren vorletzten Brief.) Nun lachen Sie einmal und bleiben Sie gut

Ihrem

F.N.

.......lesen Sie über Barockstil J. Burckhardts Cicerone!!!

20 Postkarte, Fragment.

An Frau Louise Ott[21]

1.

Basel, 20. August 1876

Meine liebe Frau Ott

Es wurde dunkel um mich, als Sie Bayreuth verließen, es war mir, als ob jemand das Licht mir weggenommen hätte. Ich mußte mich erst wiederfinden, aber das habe ich gethan und Sie können ohne Besorgniß diesen Brief in Ihre Hand nehmen.

Wir wollen an der Reinheit des Geistes festhalten, der uns zusammenführte, wir wollen in allem Guten uns gegenseitig treu bleiben.

Ich denke mit einer solchen brüderlichen Herzlichkeit an Sie, daß ich Ihren Gemahl lieben könnte, weil er Ihr Gemahl ist; und werden Sie es glauben, daß Ihr kleiner Marcel mir zehnmal des Tages in den Sinn gekommen ist.

Wollen Sie meine ersten drei unzeitgemäßen Betrachtungen von mir haben? Sie sollen doch wissen, woran ich glaube, wofür ich lebe.

Bleiben Sie mir gut und helfen Sie mir in dem, was meine Aufgabe ist. In reiner Gesinnung der Ihrige,

Friedrich Nietzsche.

*

21 Vgl. Fr. Nietzsches Gesammelte Briefe, Berlin und Leipzig 1902, I3 382/84, 389/90, 414/15, 420, 452/ 454. Die Briefe an die Frau Louise Ott weichen in der 2. und 3. Auflage dieser Ausgabe in der Interpunktion, der Anordnung und dem Umfange der Anschrift, des Datums, der Absenderadresse und der Unterschrift etwas voneinander ab. Der erste und die beiden letzten Briefe sind nach dieser Briefpublikation wiedergegeben.

2.

Freitag, Basel <22. Sept. 1876>

Liebe gute Freundin,

Erst konnte ich nicht schreiben, denn man machte mit mir eine Augenkur – und jetzt soll ich nicht schreiben, auf lange Zeit hinaus! Trotzdem – ich las Ihre zwei Briefe immer wieder, ich glaube fast, ich habe sie zu viel gelesen, aber diese neue Freundschaft ist wie neuer Wein: sehr angenehm, aber ein wenig gefährlich vielleicht. Für mich jedenfalls.

Aber auch für Sie, wenn ich denke an was für einen Freigeist Sie da gerathen sind! An einen Menschen, der nichts mehr wünscht als täglich irgend einen beruhigenden Glauben zu verlieren, der in dieser täglich größeren Befreiung des Geistes sein Glück sucht und findet. Vielleicht daß ich sogar noch mehr Freigeist sein will als ich es sein kann!

Was sollen wir nun machen? – Eine „Entführung aus dem Serail" des Glaubens, ohne Mozartische Musik?

Kennen Sie die Lebensgeschichte Fräulein von Meysenbug<s>, unter dem Titel „Memoiren einer Idealistin"?

Was macht der arme kleine Marcel mit seinen Zähnchen? Wir müssen alle leiden, bevor wir ordentlich beißen lernen, physisch und moralisch. – Beißen um uns zu ernähren, versteht sich, nicht beißen, um zu beißen!

Giebt es nicht von einem gewissen schönen blonden Weibchen ein gutes Bild?

Ich reise Sonntag über acht Tage fort nach Italien, auf lange Zeit. Von dort bekommen Sie Nachricht. Ein Brief an meine Adresse in Basel (Schützengraben 45) erreicht mich jedenfalls.

Von ganzem Herzen brüderlich der Ihre

* *Friedr. Nietzsche*

3.

Sorrente près de Naples, 16 décembre <1876>
Villa Rubinacci

Sie sind mir hoffentlich, meine verehrte Freundin, gut geblieben, ob ich Ihnen schon so lange Zeit jede Auskunft über meinen Aufenthalt und mein Ergehen schuldig blieb. Aber allen meinen Freunden gieng es so wie Ihnen, ich konnte und durfte nicht anders. Meine unerträglichen Kopfschmerzen, gegen welche ich kein Mittel bewährt gefunden habe, zwingen mich zu einer stillschweigenden Entsagung im freundschaftlichen Verkehre. Auch heute mache ich nur eine Ausnahme von der Regel und fürchte, auch selbst dafür büßen zu müssen. Aber ich möchte gar zu gerne etwas von Ihnen hören, und vielleicht etwas Ausführliches, – machen Sie mir dieses Weihnachts-Vergnügen. Es wird die französische Übersetzung meiner Schrift über R. Wagner unterwegs sein und hoffentlich zu Weihnachten bei Ihnen eintreffen – eine neue kleine Zudringlichkeit wie dieser Brief, um ein paar Zeilen – nein, mehrere paar Zeilen von Ihnen zu erobern.

In unserem kleinen Kreise ist viel Nachdenken, Freundschaft, Aussinnen, Hoffen, kurz ein ganzes Theil Glück beisammen; dies empfinde ich trotz der vielen Schmerzen und der schlimmen Perspektive meiner Gesundheit. Es ist vielleicht noch ein bißchen Glück mehr in der Welt, aber einstweilen wünsche ich von Herzen allen Menschen, daß es ihnen ergehen möge wie uns, wie mir: sie dürfen dann schon zufrieden sein.

Neulich fiel mir ein. Sie, meine Freundin, möchten einen kleinen Roman schreiben und ihn mir zu lesen geben: man übersieht so schön, was man hat und was man vom Leben wünscht, und wird gewiß dabei nicht unglücklicher – das ist die Wirkung der Kunst.

Jedenfalls wird man weiser dabei. Vielleicht ist es ein thörichter Rath: dann sagen Sie mir, daß Sie über mich gelacht haben; es macht mir Vergnügen dies zu hören.

Herzlich grüßend Ihr Freund

* F. N.

4.

Rosenlauibad, 29. August <1877>

Liebe! liebe Freundin,

Ich will meine Bergeinsamkeit nicht verlassen, ohne Ihnen wieder einmal brieflich zu sagen, wie gut ich Ihnen bin. Wie unnütz, dies zu sagen, zu schreiben, nicht wahr? Aber meine freundschaftliche Empfindung für Jemanden hängt sich ein wie ein Dorn und ist mitunter lästig wie ein Dorn, man wird sie nicht leicht los. So nehmen Sie denn den kleinen, unnützen, lästigen Brief nur immer hin!

Man hat mir erzählt, daß Sie – nun, daß Sie erwarten, hoffen, wünschen; mit inniger Teilnahme hörte ich es und wünsche mit Ihnen. Ein neuer guter und schöner Mensch mehr auf der Welt, das ist etwas, das ist viel! Da Sie es durchaus ablehnen, sich in Romanen zu verewigen, so thun Sie es auf jene Weise; wir alle müssen Ihnen sehr dankbar dafür sein (zumal es, wie man mir sagt, sehr viel mehr Noth macht als selbst das Romanschreiben).

Neulich sah ich auf einmal plötzlich im Dunkeln Ihre Augen. Warum sieht mich kein Mensch mit solchen Augen an! rief ich ganz erbittert aus. O, es ist abscheulich!

Wissen Sie, noch niemals hat eine weibliche Stimme auf mich tief gewirkt, obschon ich Berühmtheiten aller Art gehört habe. Aber ich glaube daran, daß es eine Stimme für mich auf der Welt giebt; ich suche nach ihr. Wo ist sie nur?

Leben Sie wohl, alle guten Geister mögen um Sie sein.

Treulich Ihr

* *Friedrich Nietzsche*

(ach, übermorgen muß ich fort! nach dem alten Basel wieder!).

5.

Basel, den 23. Nov. 1877

Liebe Freundin!

Nehmen Sie herzlichsten Gruß, Dank und Glückwunsch, wenn ich dies alles auch nur in den wenigsten Worten äußern kann. Mein Befinden ist schlecht, Kopf und Augen verweigern den Dienst mehr als je: ich müßte also diktieren. Aber ich will keinen Brief an Sie diktieren.

Für Sie und Ihr Kind hoffend, treu ergeben der

Ihrige F. N.

*

6.

<Naumburg a. S., September 1882>

Verehrungswürdige Freundin,

Oder darf ich nach 6 Jahren dieses Wort nicht mehr gebrauchen?

Inzwischen habe ich dem Tode näher gelebt als dem Leben und bin folglich ein wenig zu sehr zum „Weisen“ und beinahe zum „Heiligen“ geworden...

Indessen: das läßt sich vielleicht noch corrigieren! Denn ich glaube wieder an das Leben, an die Menschen, an Paris, sogar an mich selber – und will in kurzer Zeit Sie wiedersehen. Mein letztes Buch heißt: „Die fröhliche Wissenschaft.“

Giebt es viel heiteren Himmel über Paris? Wissen Sie durch Zufall etwa von einem Zimmer, das für mich paßt? Es müßte ein todtenstill gelegenes, sehr einfaches Zimmer sein. Und nicht gar zu ferne von Ihnen, meine liebe Frau Ott.

Oder rathen Sie mir ab, nach Paris zu kommen? Ist es kein Ort für Einsiedler, für Menschen, die still mit einem Lebenswerke herumgehen wollen und sich gar nicht um Politik und Gegenwart bekümmern?

Sie sind mir eine so liebliche Erinnerung!

Von Herzen Ihnen zugethan,
Professor Dr. F. Nietzsche

7.

<Naumburg a. S., 6. September 1832>

Oh, meine verehrte Freundin, kaum habe ich Ihnen gesagt, daß ich komme, muß ich Ihnen melden, daß ich noch lange nicht komme, – daß immer noch ein paar Monate hinlaufen können.

Komme ich aber, dann auf lange! – und kann ich nicht im Herzen von Paris leben, dann vielleicht in St. Cloud oder St. Germain, wo ein Einsiedler und Gedanken-Wurm besser sein stilles Wesen treiben kann.

Von ganzem Herzen Ihnen dankbar,
Friedrich Nietzsche
Mittwoch früh

An Frau Elise Fincke[22]

<Genua, 25. Febr. 1882>

Ja verehrte Frau es giebt noch Einiges von mir zu lesen – mehr noch: Sie haben noch Alles von mir zu lesen. Jene unzeitgemäßen Betrachtungen rechne ich als Jugendschriften: Da machte ich eine vorläufige Abrechnung mit dem was mich am meisten bis dahin im Leben gehemmt und gefördert hatte, da versuchte ich von Einigem loszukommen dadurch daß ich es verunglimpfte oder verherrlichte wie es die Art der Jugend ist – : Ach die Dankbarkeit im Guten und Bösen hat mir immer viel zu schaffen gemacht! Immerhin – ich habe einiges Vertrauen in Folge dieser Erstlinge, auch bei Ihnen und den ausgezeichneten Genossen Ihrer Studien! All dies Vertrauen werden Sie nöthig haben um mir auf meinen neuen und nicht ungefährlichen Wegen zu folgen und zuletzt – wer weiß? wer weiß? – halten auch Sie es nicht mehr aus und sagen was schon Mancher gesagt hat: Mag er laufen wohin ihm beliebt und sich den Hals brechen wenn's ihm beliebt.

Nun verehrte Frau jetzt sind Sie wenigstens gewarnt.

Sie wundern sich daß ich so spät schreibe – ich bin fast blind, und erst seitdem ich diese Schreibmaschine besitze kann ich wieder einen Brief beantworten d.h. seit drei Wochen. Mein Wohnort ist Genua. –

Ihr ergebener Diener

Dr. F. Nietzsche

---

22 Die Adresse: „Amerika, Frau Elise Fincke geb. Fischer. 44 W. Madison Street. B a l t imore. Maryland. U.S.“, ferner Nietzsches Anschrift: „Genova (Italia) poste restante.“ als auch sein Name am Ende des Briefes sind mit der Hand, alles übrige ist mit der Maschine geschrieben. – Veröffentlicht in: „Die Gegenwart“, vom 24. November 1900, S. 335.

An Resa von Schirnhofer

1.

<Nizza, gegen Ende März 1884>

Kommen Sie nur, mein verehrtes Fräulein! Und versuchen Sie es mit dem Hause, in dem ich jetzt wohne, – Sie werden es zutrauenswürdig und schweizerisch-brav finden. Es ist allmählich ziemlich leer geworden, die Winter-Vögel fliegen davon.

In Bezug auf mich selber haben Sie den günstigsten Zeitpunkt getroffen. Gestern wurde der letzte Correctur-Bogen meines letzten Theils „Zarathustra“ fortgeschickt, – nun bin ich frei, freier vielleicht als ich je war, und zu jedem „otium um dignitate“ äußerst bereit.

Also – ich werde Ihnen Nizza zeigen und auch, so gut es gehen will, mich selber, da Sie denn durchaus den alten Einsiedler „kennen lernen“ wollen. Indessen! Jeder Einsiedler hat seine Höhle, nämlich in sich, und manchmal hinter der Höhle noch eine Höhle und noch eine – ich wollte sagen, es ist schwer, einen Einsiedler kennen zu lernen.

Nehmen wir an, daß Sie am 3. April mit dem Morgen-Schnellzug von Genua abfahren: so sind Sie gegen Mittag in Nizza und finden mich am Bahnhof, bereit Ihnen zu dienen und erkennbar an einem großen Schnurrbarte und an einem Briefe, den ich in der Hand halte.

Dies mag als abgemacht gelten. Nur für den Fall, daß es Ihnen nicht passen will, würde ich mir noch eine Zeile vorher ausbitten.

Bitte, seien Sie freundlich und fragen Sie vor Ihrer Abreise noch einmal auf der Post in Genua nach poste-restante-Briefen für mich! Diese alte Columbus-Stadt ist eine Art Heimat für mich gewesen: es macht mir Freude, Sie dort zu wissen.

Ihr ergebenster
Dr. F. Nietzsche

2.

<Venedig, Ende April 1884>

Mein werthes Fräulein Resa,

– dieser Name ist mir gar nicht leicht, selbst meine Feder stolpert dabei.

Es ärgert mich, daß Sie von Nizza eine Erkältung (statt einer Erwärmung) davon getragen haben. Das müssen wir das nächste Mal besser machen. Ist es denn nicht möglich, den nächsten Winter für Nizza und die Ausarbeitung der Dissertation zu reserviren?

– Erwägen Sie das! –

Was Themata zu schönen Dissertationen betrifft, so ist meine „Morgenröthe“ eine gute Fundgrube. Bitte, lesen Sie d i e, und ebenso „die fröhliche Wissenschaft“, – beide Bücher sind überdies Einleitungen und Commentare zu meinem Zarathustra.

Eben schrieb ich an Malwida; im letzten Theile „Rückkehr zur Humanität“ predigend in Hinsicht auf

– – Fräulein Salomé. – Wenn Sie Etwas über ihr litterarisches Unternehmen hören, so erzählen Sie es mir. Man muß gegen alle Art Genie's hübsch human sein, sogar – wenn es Weiberchen sind. Pardon! Aber ich weiß ja, wie Sie selber hierin denken.

Treulich der Ihre

Nietzsche

Venezia, San Canciano calle nuova 5256

3.

Sils-Maria, Oberengadin
(diese Adresse genügt)
<Anfang August 1884>

Verehrtestes Fräulein,

hier ist gut leben, in dieser starken hellen Luft, hier, wo die Natur auf wunderliche Weise zugleich mild, feierlich und geheimnißvoll ist, – im Grunde gefällt mir's nirgendswo so gut als in Sils-Maria, kurz, Sie werden mich wieder heiter und guten Muths finden, wie in Nizza.

Ich überlege, wie Sie am besten reisen. Nothwendig ist, sich einen Coupé-Platz (Chur-Silvaplana) bei der Post in Chur vorauszubestellen, mindestens 8 Tage voraus: der Andrang ist groß. Die Morgenpost geht (wenn ich mich recht erinnere) um 6 Uhr in Chur ab und ist Abends um 5 ungefähr in Silvaplana, wo ich Sie empfange. Ich möchte gerne sobald als möglich den Tag wissen, an dem Sie eintreffen wollen, damit man für diesen Tag Ihnen ein Zimmer im Hôtel Alpenrose (wo ich esse) reservire: der Andrang ist auch da groß. Sehen Sie übrigens das schweizerische Eisenbahn-Cursbuch an: man kann auch Nachmittags von Zürich abfahren und gegen 11 den Anschluß an die Nachtpost in Chur erreichen – in diesem Falle ist man Morgens um 10 in Silvaplana. Das ist aber sehr anstrengend; rathsamer scheint mir, in Chur (Hotel Lukmanier) die Nacht zu bleiben; das genannte Hotel liegt der Post gegenüber.

Soviel. Ich freue mich auf Ihre Ankunft. Eben blitzt es.

Herzlich Ihnen ergeben
Nietzsche

4.

Sils-Maria, Oberengadin. 2. Sept. 1884

Sehr geehrtes Fräulein,

inzwischen gieng es nicht gut. Ah, diese dumme Gesundheit! Außerdem ist es kalt hier oben, blaufingerkalt, um mich kurz verständlich zu machen; ich wälze das Problem eines Ofens in meinem Kopfe.

Von Nizza bin ich jetzt durch 2 Quarantänen, jede zu 7 Tagen, fern gehalten – was mich etwas nach Norden zu oscilliren macht. Ich möchte wissen, ob man auf die Dresdener Aufführung des „Löwen von Venedig" rechnen dürfte, – in diesem Falle wäre ich sehr versucht und verlockt – . Zuletzt wünscht meine Schwester, „wichtiger" Dinge halber, ein Zusammentreffen.

Inzwischen kam Heinrich von Stein zu Besuch, nicht länger und nicht kürzer als Sie selber, und sehr erquicklich. Was mir Das gut that! – endlich ein Mensch mit einer heroischen Grundstimmung, und in der Umgebung R.W.'s schön zur Ehrfurcht erzogen, ganz anders als jetzt erzogen wird (nämlich zum Mitreden und Mitschwätzen über Jedes vor Jedem). Er hat mir Aussichten gemacht, für die Zeit, wo sein Vater nicht mehr lebt – zu mir nach Nizza überzusiedeln. –

Eben nahm Frl. von Mansuroff Abschied, – oh wie einsam ist es schon geworden! –

Lesen Sie, ich bitte, Stifter's „Nachsommer". –

(„Im Kampf um Gott", Roman von H. Lou Stuttgart, Auerbach, seit Mai im Druck.)

In summa: ich bin mit dem Sommer zufrieden, insofern ich für 6 Jahre den Entwurf gemacht habe, den Entwurf meiner „Philosophie" oder „Religion" oder was weiß ich? Genug, es muß noch gelebt werden. –

Aber die dumme Gesundheit! – – –

Nehmen Sie nochmals meinen herzlichsten Dank für Ihren Besuch und bleiben Sie gut-freundschaftlich gesinnt

Ihrem ergebensten
Nietzsche

5.

<Mentone, Ende November 1884>

Mein liebes Fräulein Resa,

es stand inzwischen, seit meiner Abreise von Zürich, erbärmlich mit mir; ein versuchter Zwischen-Aufenthalt in Mentone ist mir ganz und gar mißrathen, – ich vermisse hier die anregende Gewalt des Nizzaer Klima's und verstehe nicht recht, warum sie hier fehlt. Die Landschaft ist ersten Ranges – feine und kühne Linien, wie vom Maler ausgedacht. Auch ist es still, viel achtbarer als in Nizza – und trotzalledem, es geht nicht!

Denken Sie: inzwischen hat Herr Lanzky[23] in der dortigen Pension de Genève auf mich gewartet, – ich hörte es zwei Tage zu spät. Dann ist er nach Ajaccio abgereist, einen rührenden Brief an mich zurücklassend.

Ah diese dummen Augen! – Nun darf ich schon nichts mehr schreiben! Es steht jetzt schlimmer damit als die letzten Jahre. Ich habe zu viel diesen Sommer gearbeitet.

Lob, Ehr' und Preis für Alles, was Sie über Ihre Pariser Menschen- und Studien-Einrichtung melden! Auch daß Ihnen alles „Monodische" so gut gefällt! Es sind feinere, höhere Menschen: da soll es wohl schöne und ausgesuchte Kinder abgeben![24] –

Und Malwida krank? Wie gerne wäre ich bei ihr in Versailles!

Machen Sie um meinetwillen, wenn ich bitten darf, die Bekanntschaft von Saint-Germain-en-Laye: mein Zukunfts-Ort für stilles Arbeiten und Herumstreifen durch Wälder.

---

23 Lanzky, Paul: Mitbesitzer eines Hotels in Vallombrosa, ein Verehrer Nietzsches.

24 Monod, Gabriel: Professor der Geschichte an der Sorbonne. Er war der Gatte von Malwida von Meysenbugs Pflegetochter.

Und Saint-Cloud? –

Sie wissen, im Grunde bin ich den Franzosen (nicht gerade den Parisern!) „guter“ als den Deutschen. Namentlich jetzt!

Geht die Welt nicht schief und schiefer?
Alle Christen treiben Schacher,
Die Franzosen werden tiefer, –
Und die Deutschen – täglich flacher.

Herzlich zugethan Ihr

N.

Adresse: Nice, France. Pension de Genève

6.

Nizza, Pension de Genève, petite rue St. Etienne
11. März 1885

Verehrtestes Fräulein,

man bekommt diesen Winter schwer Etwas von mir zu lesen, das wollen meine Augen so. Ich wünschte sogar dieser dummen Augen wegen in irgend einem dunklen Venedig oder sonstwo zu sein; denn was ich eigentlich von Nizza verlange, sehr trockne Luft und beständigen sehr reinen Himmel, das kann man diesen Winter hier so wenig als anderwärts haben. Es ist ein Ausnahme-Winter: wir hatten eine Sturmfluth wie seit 50 Jahren nicht, zwei kleine Erdbeben, vier zwei- bis dreitägige Landregen alla tedesca, und ein beständiges unklares Ja- und Neinsagen des Himmels: – was meiner Gesundheit schlecht genug bekommen ist. Sodann aber gab es für mich bis vor wenig Tagen einen Deutschen im Hause hier, der mir sehr zugethan ist, – aber ich mag die Deutschen wenig, es ist eine andre Art von „ziehendem Gewölk", und mir gar nicht zuträglich. –

Mag ich denn die Franzosen? Einige von ehemals, vor Allem Montaigne. Aus diesem Jahrhunderte im Grunde nur Beyle, und was auf seinem Boden gewachsen ist.

Und Das ist es, was mir heute diesen Brief an Sie, mein liebes verehrtes Fräulein Resa, abzwingt: obgleich, wie gesagt, die Augen-Moral mir zu schreit „Lesen und schreiben Sie nicht, mein Herr Professor!" –

Es soll nämlich in Frankreich eine Art von Stendhal-Schwärmern geben, man spricht mir von solchen, die sich „Rongistes"[25] nennen. Machen Sie, ich bitte, etwas Jagd darauf: z.B. auf eine neue Ausgabe von „Le rouge et le noir", bevorredet von einem Herrn Chapron, wenn ich recht gehört habe. Wohin hat dieses

25 Eine zweite Abschrift zeigt „Rougistes".

feine Huhn (es ist todt) seine Eier gelegt? Größere Bücher giebt es nicht von ihm.[26] Und machen Sie doch die Bekanntschaft des lebendsten Schülers von Stendhal, Herrn Paul Bourget<'s>, und erzählen Sie mir, welche Aufsätze er neuerdings geschrieben hat (– ich zeigte Ihnen hier in Nizza seine gesammelten Essais zur psychologie contemporaine). Er ist, wie mich dünkt, der rechte Schüler jenes Genie's, das die Franzosen 40 Jahre zu spät entdeckt haben (– von Deutschen bin ich der Erste, der ihn erkannt hat, und nicht auf eine Anregung von Frankreich her). Die sonstigen berühmten Litteratur-Menschen dieses Siècles z.B. Sainte-Beuve und Renan, sind mir viel zu süßlich und undulatorisch; aber was ironisch, hart, sublim-boshaft ist, von der Art wie Mérimée, – oh wie Das meiner Zunge wohlschmeckt!

Ende März geht es über die Schweiz nach Deutschland. Die Verheirathung meiner Schwester ist für dies Jahr im Vordergrunde: – grüßen Sie Malwida von mir und seien Sie selber herzlich gegrüßt

von Ihrem ergebensten
Nietzsche

Mr. Bourget ist Mitarbeiter der Revue Nouvelle. – Grüßen Sie die ausgezeichneten Menschen, die ich so sehr liebe, ich meine Monods, von mir. Frl. Natalie ja nicht zu vergessen!

Adieu, ma chère philosophe –, veuillez agréer les tendre<s> et respectueux hommages d'un hermite.

26 Léon Chapron: französischer Journalist und Essayist, 1840-84. Er schrieb besonders für das Feuilleton und zur Theaterkritik im: „Gaulois", „Figaro", „Evénement" und im „Gil Blas". Seine beliebtesten Aufsätze sind in den Bänden „Les Coins de Paris" (Paris 1881) und „Le Long des rues" (Paris 1882) gesammelt. – Gesondert erschienen sind auch seine Vorreden zu den Stendhalschen Werken: De l'Amour, Armance, La Chartreuse de Parme und Le Rouge et le Noir.

7.

Sils-Maria im Oberengadin <Juni 1885>

Mein verehrtes Fräulein,

Sie haben mir wieder mit Ihrem Brief eine angenehme Überraschung gemacht, beinahe war's ein Besuch in Sils-Maria. Im Grunde würden Sie selber sich vielleicht hier oben jetzt wohler fühlen als in den heißen Ebenen und Städten; und sollten Sie den alten Einsiedler hier oben, gemäß dem schönen Präcedenz-Falle von 1884 mit einem mehr als brieflichen Besuche auszeichnen, so verspricht er Ihnen, daß er bei besserer Laune und Gesundheit sein will als voriges Jahr. Einstweilen habe ich die treffliche Frau Röder-Wiederhold im Hause; sie erträgt und duldet „engelhaft" meinen entsetzlichen „Antidemokratismus" – denn ich diktire ihr täglich ein paar Stunden meine Gedanken über die lieben Europäer von heute und – morgen; – aber zuletzt, fürchte ich, fährt sie mir doch noch „aus der Haut" und fort von Sils-Maria, getauft, wie sie ist, mit dem Blute von 1848. – Auch steht es ganz schlimm mit meinen Ansichten über das „Weib an sich". Genug, ich argwöhne, daß es Niemand lange mehr um mich aushält. Obwohl es viele Gründe gäbe, mir „gute Gesellschaft" zu wünschen. Ah, wer kennt meine „sieben Einsamkeiten"! –

Schade, daß Sie Paul Bourget nicht kennen lernen! Ich meine, das wäre ein feines Fühlhorn für Alles, was jetzt in Frankreich noch „fein" ist. Ich las: in Vorbereitung Nouveaux essais de psychologie contemporaine von Paul Bourget. Paris, Alphonse Lemerre, éditeur, 27-21 Passage Choiseul.[27] Sie würden mich beglücken, wenn Sie mir meldeten, sie seien erschienen. Sagen Sie

27 Dieses Buch fand sich auch in Nietzsches nachgelassener Bibliothek, mit vielen Unterstreichungen und Randbemerkungen von seiner Hand versehen.

unsrer ehrwürdigen Malwida etwas zu Gunsten Ihres Einsiedlers: ich glaube, daß ich sie diesen Winter einmal angebrummt habe.[28] Ebenso wünsche ich der ausgezeichneten Kameradin Ihrer Züricher Studentenzeit, Frl. Wildenow, allerbestens empfohlen zu sein.

Mit ergebenstem Gruße
Ihr N.

Und die Doctor-Dissertation? Welches Thema? – Ihr Verhalten gegen Frl. Sal. ist excellent. – „Phädra" gelesen? Nein. – An Monods die besten Grüße.

28 Vgl. Fr. Nietzsches Gesammelte Briefe, Berlin und Leipzig 1905,III2 616/17.

8.

Torino, den 14. April 1888

Mein sehr liebes Fräulein Resa,

aber das ist hübsch und sogar mehr als hübsch, daß Sie mir dies schreiben. Nur muß man nach Turin kommen, um mich jetzt zu haben. Der Frühling hat mir bisher überall erbärmlich zugesetzt, am schlimmsten in Ihrem Zürich; ich habe es verschworen, diesen Fehler zu wiederholen. Turin ist eine süperbe Stadt; die Winde des Hochgebirgs reinigen sie von allem Weichlichen und Feuchten. Es gab bereits Tage, die in Licht, Klarheit und Trockenheit vollkommen des Engadins würdig waren. Ich will hier bis zum 5ten Juni bleiben und dann direkt – Mailand, Como, Chiavenna – nach meiner Sommer-Residenz Sils-Maria übersiedeln. Es würde mich freuen, wenn Ihre Pläne sich irgendwie mit den meinen zusammenfädeln ließen: machen Sie einen kleinen Versuch, Parze zu spielen! ...

Ich wohne hier gegenüber dem grandiosen palazzo Carignano (in dem Vittore Emanuele geboren ist), „werthe Werthe um" – hoffentlich verstehen Sie diesen Tropus? – und ergötze mich Abends bald an vorzüglichem gelato, bald an einer guten Aufführung von Carmen, – Alles fünf Schritt weit von mir. Eigentlich giebt es keine so honnette und vornehme Stadt wie dies Turin: klassisches Pflaster, sublime portici und der Ernst feierlicher Plätze. Dabei still. Die Schneealpen mitten in der Stadt sichtbar. Man glaubt, daß die Straßen direkt sich in sie verlaufen.

– Ich wohne via Carlo Alberto Nr. 6, piano quarto. –

Es grüßt Sie, verehrtes Fräulein so herzlich wie möglich

der alte Philosoph
Brummbär u Immoralist
Nietzsche

An Mrs. Fynn[29]

1.

Sils-Maria, 6 Sept. 1885

Hochverehrte Frau,

es hätte Gründe gegeben, Ihnen sogleich zu schreiben, aber es gab bessere Gründe, etwas zu warten. Man weiß es zehn Tage hinterdrein besser, von wem man Abschied genommen hat als am Tage darauf.

Was das schöne Räthsel betrifft: so zweifle ich nicht, daß „böse Geister" auch sehr böse, sehr ironische Lösungen dieses Räthsels bereit halten würden, – ohne sie natürlich auszusprechen: es liegt ja in ihrem Plane, daß das Leben seinen räthselhaften Charakter nicht verliere – Verzeihung!

– Was aber „die Blumen" betrifft, so kann ich nicht verhehlen, daß ich einstweilen vor den gemalten Blumen, wie ich sie diesen Sommer gesehn habe eine größere Hochachtung besitze als vor den natürlichen: – Sie sehen, wie weit ein Philosoph Artist sein kann! Bisher glaubte ich, die Blumen zeigten das Streben der Natur in's Kleine und Hübsche: jetzt beginne ich zu ahnen, daß es auch ein Streben ins Große und Vornehme sein könne.

– Es ist wahrscheinlich, daß ich in einigen Tagen Portofino wiedersehn werde (ich reise nicht nach dem

29 Von den Briefen an Mrs. Fynn sind gerade während des Druckes des vorliegenden Buches die Originale der Nrn. 1, 3, 4 und 6 aufgefunden worden; von den übrigen lagen nur Abschriften vor, die von der Tochter der Mrs. Fynn, einer Ausländerin, korrigiert worden waren. Diese Abschriften sind besonders reich an Fehlern und Irrtümern

Norden –) Darf ich die Kühnheit haben zu hoffen, daß ich es auch wieder hören werde?[30]

– Ihnen Allen, meine hochverehrten Damen, von Herzen und mit vieler Dankbarkeit zugethan

Friedrich Nietzsche

30 Zu dieser Stelle bemerkte die Briefempfängerin: „Daß ich wieder (Portofino) hören werde", bezieht sich auf eine Klavierkomposition von unserer Freundin Frl. von Mansuwroff, „Portofino" benannt.

2.

Nice/France
Rue St. François de Paule 26 II
<Dezember 1885>

Hochverehrte Frau!

endlich kommt ein Brief von mir – soll ich erklären, wie es kommt, daß er erst „endlich" kommt? Aber es wäre unnütz: Sie selber haben, mit Ihrer großen und nothwendigen Gütigkeit schon genug zu meinen Gunsten und zu meiner Entschuldigung (falls es sich um eine Schuld handelt) geltend gemacht, daß ich gar nichts Besseres thun kann als mich darauf zu berufen. Ich bin so dankbar für alle Feinheit der Interpretation in Bezug auf das, was ich thue oder lasse –

Es scheint, wir haben beide Noth, über schmerzhafte Erlebnisse hinweg zu kommen, hinweg zu leben. Auch ich verlor eine Schwester, nicht zwar durch einen wirklichen Todesfall, aber durch eine jener großen Trennungen, die etwas ebenso Unwi[e]derrufliches haben. Sie ist mit ihrem Gatten nach Südamerika unterwegs, zum Zweck einer Colonisation daselbst: es sind genug Aussichten vorhanden, daß die Sache gelingt, aber je mehr sie gelingt, um so fester sind sie an diese ferne Welt geknüpft. Zuletzt ist es nicht einmal Paraguay, was mir am meisten das Gefühl giebt, meine Schwester verloren zu haben. Mir sind die Gesinnungen meines Schwagers für die er lebt und stirbt, fremder als Paraguay.

In München, das ich auf der Herreise streifte hatte ich, bei meinen Freunden daselbst, den Eindruck wie wohl und heimisch sich in diesem Maler- und Malerinnen-Quartier Ihre Fräulein Tochter fühlen müßte; mehr noch, ich rechnete im Geiste aus, ob sich irgend ein Zusammenhang zwischen ihrer ausgezeichneten und originellen Art, Blumen aufzufassen und dem Japonisme meines Freundes Seydlitz ausfindig machen ließe.

Gesetzt, daß Sie zusammen einmal wieder Deutschland berühren, bitte, risquieren Sie einen kleinen Versuch mit München: Mein Freund und seine Frau werden sich eine große Ehre daraus machen, Ihnen zu Diensten zu sein.

An Portofino wo ich die Grüße Ihrer verehrungswürdigen Freundin treulich abgegeben habe, wäre ich beinahe hängen geblieben. Es gab in Genua unter den dortigen Bekannten den allerbesten Willen mich für den Winter in der Villa eines Englischen Dentisten einzuquartieren. Climatische Bedenken – welche inzwischen bei der allgemeinen Härte dieses Winters sich doppelt gerechtfertigt haben – ließen mich weiter reisen, hierher in mein altes Nizza. Die Luft ist hier reiner und glänzender als irgendwo in Europa; man sagt mir, daß ich jeden Winter „besser und jünger" aussehe – ich meine, darauf hin muß man einem Orte treu bleiben. Einem Orte der Einem Jugend verspricht – –

Was mir in Nizza fehlt, sind Menschen, die ich liebe und denen man nicht erst alles „sagen muß".

Ich bin drei viertel des Tages ziemlich düster und arbeitsam den Rest lustig oder „profondément triste", wie es einem einsamen Bär und Philosophen zukommt.

Welche Freude hat mir Ihr Bild gemacht! Und das was am meisten daran anziehend und festhaltend ist, ist glücklicherweise keinem Lebensalter zu eigen: es gehört zu jenem ewigen „jünger und besser" welches man sich leider durch kein Nizza verschaffen kann. – Zeugniß: meine eigene Photographie. –

Es ist mir oftmals die Sorge gekommen als ob jene ganz merkwürdige Rückkehr Ihrer Gesundheit vielleicht nicht Stand gehalten hätte. Und ob Genf, gerade Genf Ihnen just gut thut? Es sind so viele hier, die vor dem Genfer Winter geflohen sind.

Von den Augen ist nichts Gutes zu melden. Trotzdem: es stand im Engadin schlechter um sie. Das Romershausen'sche Wasser[31] hat mich viele Male erquickt, und niemals, ohne mich mit herzlichstem Dank an seine Geberin denken zu lassen. Behalten Sie mich wenn ich bitten darf auch fürderhin in gutem Angedenken, zu Dreien und nicht bloß zu Dreien.[32] Sie wissen, hochverehrte Frau, daß meine beständigen Wünsche Sie begleiten, und daß es mir eine große Freude sein wird, wenn etwas von diesen Wünschen sich erfüllt.

Ihr ergebenster
Prof. Dr. Friedrich Nietzsche
Einsiedler von Sils-Maria

---

31 Ein Augenheilwasser.

32 Anmerkung von Mrs. Fynn: Wir hatten damals noch eine vierte Freundin bei uns.

3.[33]

Ruta Ligure 2 Octob. 1886

Verehrteste Frau,

erster Versuch, ein Paar Worte aus einer neuen Welt heraus zu schreiben: Verzeihung, wenn die Feder es nur bis zu Klecksen bringt!

Links der Golf von Genua bis zum Leuchtthurm; unter dem Fenster und nach den Bergen zu Alles grün, dunkel, erquicklich für das Auge. Das Albergo Italia reinlich und gefällig eingerichtet: die Küche abscheulich; noch keinen ordentlichen Bissen Fleisch zu sehen bekommen. Um so preiswürdiger ist die reine und nicht erschlaffende Luft, die Gänge hoch zwischen zwei Meeren, ein Pinienwald mit fast tropischer Üppigkeit.Wir haben schon drei Mal große Feuer angezündet; es giebt nichts Schöneres als die Flammen gegen den reinen Himmel lodern zu sehn. –

Einsamkeit wie auf einer Insel des griechischen Archipelagus; rings zahllose Bergketten. Mein Freund aus Florenz seit vorgestern einlogirt. –

Unten, in Portofino, weilen gerade der deutsche Kronprinz, zusammen mit dem Grafen von Paris,[34] – und Herr von Keudell:[35] ein Zusammentreffen, das zu denken giebt. –

– Es Es ist kein Zweifel, daß Portofino es verdient, in Musik gesetzt zu werden. Im Vergleich zur Riviera

33 Dieser Brief ist mit lateinischen Buchstaben geschrieben.
34 Graf von Paris: Prinz Louis Philippe Albert von Orléans, der älteste Sohn des Herzogs Ferdinand von Orléans. Er entsagte 1873 zugunsten des Grafen von Chambord allen Ansprüchen auf den französischen Königsthron.
35 Herr von Keudell, Robert: 1824-1903; Staatsmann. 1846-72 Vertrauter Bismarcks, 1876-87 Botschafter in Italien.

ist es stiller, heimlicher, auch anständiger, und weniger africanisch.

– Ich danke von Herzen für den telegraphischen Reise-Glückwunsch, der ganz im rechten und letzten Augenblicke an[36] den Einsiedler von Sils-Maria eintraf. Eine Stunde später: und der letzte Vogel flog davon. –

„Nun geht der Winter los", sagte mein Wirth als ich abreiste.

Hoffentlich ein guter, sonniger, stärkender Winter! Ein deutscher Herr aus Genua sagte mir gestern, wenn er freie Verfügung über sich hätte, so würde er den Winter nie in Genua, sondern in St. Moritz zubringen.

So geht es! Er wünschte sich eben dorthinauf, von wo ich eben herabgeflogen war!

– Vielleicht haben Sie also „das bessere Theil" erwählt?... Zum Mindesten ist dies mein herzlichster Wunsch, wenn ich an Sie und Ihre verehrte Freundin denke, der ich meine ergebensten Grüße auszurichten bitte.

In dankbarer Erinnerung
Ihr Prof. Dr. Nietzsche

---

36 an] als

4.

Nizza (France) pension de Genève 1. Januar 1887

Hochverehrte Frau,

Ihr liebenswürdiges Erinnerungszeichen, für das ich mich von Herzen bedanke, ist über Naumburg nach Nizza gewandert – wer weiß, durch wie viele Schneelandschaften und Postverzögerungen hindurch! Sie würden jeden Falls dieser Tage von mir Nachricht bekommen haben, und schon früher, wenn nicht in der letzten Zeit sich ein wunderlicher Umstand allem Briefschreiben bei mir entgegengestellt hätte: blaue Finger! Ich habe bisher hier ein Nordzimmer bewohnt, ohne Ofen, gegen einen kalten Garten gelegen – es war eine wirkliche Strapaze, zu der ich aber gute Miene gemacht habe.

Die Kälte war seit dem 14. November gründlich zu spüren, ein beständiges schönes Januar-Wetter, fast ohne Unterbrechung Sonnenschein und reiner Himmel, ganz so, wie ich's liebe (und nöthig habe!) Es ist mir öfter der Gedanke gekommen, daß eigentlich unser beiderseitiger Geschmack und Bedürfniß auch über Nizza und nicht nur über den Engadin übereinstimmen müßte: vorgesehen, daß man nicht zu früh hierher kommt (wie ich dies Mal gethan habe, Mitte Oktober) und nicht zu spät davongeht. Die Ähnlichkeit der Luft in Hinsicht auf Energie, Trockenheit, anregende Kraft, muß bei Ihnen oben und bei mir hier unten jetzt zum Verwechseln sein. Übrigens bisher kein Stäubchen Schnee; dafür eine Sturmfluth, die zwei Tage lang über die Promenade des Anglais hinweg gieng. Übermorgen ziehe ich in ein andres Quartier und bekomme ein Sonnen-Zimmer. Glücklicherweise nährt man mich ordentlich; ich habe für Mittag wieder meine ausschließliche Milch- und Ei-Diät festgehalten, aber des Abends nehme ich an einer respektablen table d´hôte Theil, an der fast nur Engländer sind. Es war davon die Rede, daß eine Engländerin Ihres Namens, Miß Fynn, von San Remo in mein Hotel übersiedeln wolle, und man hatte ihr den mir benachbarten Salon zugedacht: dies wäre ein artiges Quid-proquo gewesen! Die Gesellschaft hier in Nizza soll diesen Winter besser sein als andre Jahre: so erzählt man mir, denn ich lebe einsiedlerischer noch als sonst. Die Villen stark occupirt, mehr als die Hotels; viele Equipagen, viel Dienerschaft sichtbar. Der König v. Würt<t>emberg, der russische Thronfolger, auch der regierende Herzog von Sachsen-Gotha sind hier; man hat längere Zeit die russische Kaiserin erwartet (für die Villa Van-Derwies) „Die letzte Saison vor dem Kriege" – so sagt alle Welt. Ich denke, daß das nächste Jahr auch einiges Gute bringen wird, zum Beispiel für uns ein friedliches Wiedersehen da oben in der Höhe, deren heilkräftige und bewiesene Wirkung Ihrer verehrten[37] Freundin und Ihnen selbst schwer zu ersetzen sein wird. Mit Sils bin ich immer noch einverstanden, nicht mit dem Zimmer daselbst: oder vielmehr, meine Augen verbieten mir es fürderhin. Ich muß ein großes hohes Arbeitszimmer haben, mit den fünf nothwendigen Eigenschaften. Über den Zwischenakt noch nichts entschieden: ich fürchte die Zwischenakte. Vielleicht Venedig, wohin mein armer, durch lauter Demüthigungen stark niedergebeugter Musiker zurückgekehrt ist, der vielleicht meines Zuspruchs bedarf (oder vielmehr meines Glaubens an seine Musik: alle Künstler haben „Gläubige" nöthig)

Möge uns Allen ein gutes Jahr beschieden sein, mit Geduld und Trost für die Leidenden, mit Tapferkeit und Sonnenschein für Alle! Bitte sagen Sie Fräulein von Mansouroff meinen ergebensten Gruß und

37 verehrtin] verehrten

Glückwunsch insgleichen Frau Bichler; und wenn Sie schreiben sagen Sie auch Ihrer Fräulein Tochter einen herzlichen Gruß.

Ihnen in Verehrung zugethan
Dr Nietzsche

Oh! ich vergaß mich für Ihren ersten Brief zu bedanken, der mir, inmitten von unangenehmen Menschen, so wohl gethan hat! –

5.

Nice (France) rue des Ponchettes 29 <1. März> 1887

Hochverehrte Frau,

indem ich Ihnen meinen allerherzlichsten Dank für eine so warm geäußerte Theilnahme ausdrücken möchte, darf ich nicht verschweigen, daß es eine unverdiente Theilnahme ist: denn so wunderlich es klingen mag, ich bin viel zu gut bei der ganzen Katastrophe weggekommen als daß ich irgend ein Anrecht auf Theilnahme hätte. Die ganze Sache war äußerst interessant – , noch mehr absurd; und nicht weniger oder mehr gefährlich als etwa eine Fahrt mit einem train rapide des Nachts. Die Zeitungen haben schrecklich übertrieben; umgekehrt scheint es mir, daß die wirklich herzzerreißenden Vorgänge, die in den kleinen Küstenorten zwischen Genua und San Remo sich abspielten, viel zu wenig die öffentliche Theilnahme erregt haben. In Nizza lag das Centrum der Bewegung jedenfalls nicht unter der Erde, sondern in den Nerven: man hat hier einen Lärm gemacht, daß ganz Europa sich für unser „Schicksal" interessiert! Wie viel Briefe bekam ich! Wie viel Aufforderungen zur Flucht! Aber in meinem persönlichen Falle muß ich bekennen, daß ich es nicht einmal zum Schrecken gebracht habe und zum Beispiel an jenem Morgen, wo das ganze Nizza ins Freie stürzte und einem Tollhause glich, in der ungestörtesten Gemüthsruhe auf meinem Zimmer arbeitete; es ist mir passiert, in zwei Briefen, die ich an jenem Tage schrieb, das Ereigniß des Tages zu vergessen![38]

Sie sehen, wie unwürdig ich Ihres Mitgefühls bin! – In der ersten Nacht darauf, wo Alles im Freien campirte, schlief ich ruhig bis 2 Uhr zu Hause: da kam

38 Die Hauptstöße des Erdbebens fielen auf den 23. Februar 1887.

ein stärkerer Stoß wieder, die Hunde heulten rings, ich kleidete mich an und machte eine Wanderung durch die verschiedenen Theile Nizzas um zu sehen, zu welchen Thorheiten die Furcht die Menschen treiben kann. Dies war die interessanteste Wanderung, die ich bisher in Nizza gemacht habe: hinterdrein schlief ich so gut als vorher. –

Anbei folgt die einzige objektive Darstellung des Vorgangs, die ich bisher entdecken konnte – gemacht auf dem Cap des Vorgebirgs von Antibes, welches Sie kennen. –

Ich bleibe noch bis zum 3. April hier und hoffe auch noch über die zu erwartenden schlimmen Tage des Monats (März) den 9ten, den 22ten, und 23ten hinwegzukommen. Jener deutsche Gelehrte nämlich, der mit seiner Prophezeihung (vom vorigen November) bis auf den Tag Recht bekommen hat, wird, fürchte ich, auch noch für die weiteren Prophezeihungen Recht bekommen. Doch verspricht er schwächere Stöße - Sonne und Mond sind die Bösewichte, welche unsere arme kleine Erde so beunruhigen. –

(Das Haus, in welchem zwei meiner Werke entstanden sind, ist dermaaßen erschüttert und unhaltbar geworden, daß es abgetragen werden muß. Dies hat den Vortheil für die Nachwelt, daß sie eine Wallfahrtsstätte weniger zu besuchen hat.)

– Sagen Sie, bitte, Ihrer verehrten Freundin, daß ich diesen Winter über die Gemüths-Eigenschaften des russischen Volks viel nachgedacht habe, dank dem eminenten Psychologen Dostoiewsky dem, was Schärfe der Analyse betrifft, selbst das modernste Paris Niemanden zur Seite zu stellen hat. Man lernt die Russen durch ihn lieben – man lernt sie auch fürchten. Das ist ein Volk, das seine Kräfte noch nicht verbraucht hat, wie die meisten europäischen Völker, weder die Kräfte seines Willens noch die seines Herzens. –

– Uns Allen bessere Gesundheit wünschend und mir selbst die Fortdauer einer so gütigen Gesinnung – die ihr Licht selbst über philosophische Einsiedler und Höhlenbären leuchten läßt – verbleibe ich Ihnen und Ihrem verehrungswürdigen Kreise treulich zugethan

als Ihr ergebenster Diener
Prof. Dr. Nietzsche

6.

Mittwoch <Sils 1887>

Hochverehrte Frau,

so eben finde ich mitten in einem Wust alter Rechnungen das kleine beiliegende Bildchen der Villa Badia, welches Sie aber erst in schöne blaue und braune Farben übersetzen müssen, um es erträglich zu finden. Zwar schien es mir, daß Sie im Grunde jetzt das Reisen gerne bereit sind ad acta zu legen, ja daß Sie sich einen Gewinn von der Heimkehr gerade auch in Hinsicht auf Ihre ausgezeichnete Freundin versprechen: und in so fern kommt die Villa Badia zu spät. Es müßte denn sein, daß Sie die Heimreise über die Seen nähmen und dann Turin-Genf. Für diesen Fall empfiehlt sich ein Zwischenakt am genannten Ort; die zauberhaften Farben des Herbstes daselbst, der Reichthum an Feigen, an herrlichen Bäumen, das Klösterliche und Vornehme der Lage und Anlage – ich zweifle nicht, daß Sie zusammen eine tiefe schöne Erinnerung von dort heimbringen würden.

Inzwischen, nach jenem köstlichen und reichen Tage bei Ihnen, habe ich gelebt wie ein Höhlenbär – sehr arbeitsam und, wie mir scheint, verbessert in Hinsicht auf Gesundheit und Geduld. Wenn Alles glückt, was ich just unter der Hand habe, gedenke ich ein paar Stunden der Erholung bei Ihnen zu feiern, hoffend, daß inzwischen auch bei Ihnen der schöne Sommer und die heroische Landschaft Malojas stärkend und hoffnunggebend gewirkt hat. –

Ihnen Allen in treuer Verehrung und Anhänglichkeit zugethan, bin ich, meine hochverehrte Damen

Ihr ergebenster Diener
Dr Fr. Nietzsche Prf.

7.

Sils-Maria, den 7. September 1887

Hochverehrte Frau!

Zuletzt muß ich gar, zu meinem herzlichsten Bedauern, von Ihnen brieflich Abschied nehmen. Oh diese dumme Gesundheit! Ich dachte gestern bei Ihnen zu sein – eine unausstehliche Angegriffenheit zwang mich hier zu bleiben; auch heute steht es nicht besser. Vielleicht wollen die Tage, welche ich mit einem alten Freunde (dem Professor der Berliner Universität Dr. Deussen dem ersten Kenner der indischen Philosophie) zugebracht habe, eine nachträgliche Buße. Der Besuch war kurz (– er kam mit seiner kleinen, ganz kleinen Frau erst Freitag nachmittag an und hatte nur zwei Tage für mich Zeit) sehr angenehm, sehr angreifend, zumal das Wetter schwer und kalt auf uns lastete. Nun ist er wieder fort, will noch nach Genf, Genua, Rom, Neapel, Brindisi, Athen, Ionische Inseln, Constantinopel – Alles in Einem Zuge, da er Ende Oktober zum Beginn der Wintervorlesungen wieder in Berlin sein muß. Die Energie einer solchen Reise hat etwas Respektables; aber man brächte mich nicht mit vier Pferden dazu, es ihm nachzumachen. Im Frühling, während der kurzen Osterferien war er mit seiner Frau am nördlichsten Ende von Schweden, um das Jahresfest der Verlobung mit ihr an der Stelle zu feiern, wo diese Verlobung stattgefunden hat. So reist man heute durch die Welt: die Erde ist so klein geworden! ...

Dies sage ich, um Sie zu überzeugen, daß Genf von Nizza und von Sils gar nicht so weit ist, und daß ich dies Mal in der Hoffnung Abschied nehme, in Genf Sie selbst hochverehrte Frau, ebenso wie Ihre ausgezeichnete Freundin, vielleicht schon im nächsten Frühling wieder begrüßen zu dürfen. Ich muß für den eigentlichen Winter wahrscheinlich nach Rom (um meine alte leidende Freundin M. von Meysenbug noch einmal zu sehen); im Grunde sollte eigentlich auch Ihre Fräulein Tochter ihr Schiff nach der ewigen Stadt lenken? Für diesen angenehmen Fall erlaube ich mir die Meysenbug'sche Adresse zu notieren: Via Polveriera[39] 6, nächste Nähe des Colisees. Man findet bei ihr Frau Minghetti und andere gute römische und fremde Welt.

Mit den allerherzlichsten Wünschen für Ihrer aller Gesundheit und im Grunde Sie um die Heimreise beneidend – denn Sie haben doch ein Heim, während ich nichts als ein unstäter Vogel bin –

bleibe ich treulich
der alte
Höhlenbär von Sils

(verdrießlich und brummend, daß er heute nicht aus der Höhle kann).

39 Eine zweite Abschrift zeigt fälschlich „Polviericca".

8.[40]

Sils den 11. August 1888

Verehrteste Frau

das war ein Tag, der zehnte August! Das Wetter warm, rein, tiefblau; alles was ich unternahm gerieth; alle zwei Stunden gab es eine angenehme Überraschung (– darunter ein Privatconcert für mich, von einem ausgezeichneten Musiker aus Hamburg, Herrn von Holten veranstaltet: er hatte sich ein Stück meines Venediger Maestro eingeübt und spielte es sechs Mal hintereinander – auswendig!)

Morgens lief ich um den See von Silvaplana herum, Nachmittag war ich hinten im Fexthal – dort gab es mindestens 70 Fremde, alle wie im Zustande der Genesung, denn bis vorgestern war das Wetter in der Tat wie eine schwere Krankheit. Und als ich Abends nach Hause komme, überrechnend, was der Tag Gutes gebracht hat, so war er noch nicht einmal am Ende mit seinen Geschenken – ich fand Ihren so gütigen, so liebenswürdigen Brief! Einen so unverdienten Brief!

– Aber der Winter war böse für mich, es war eine düstere und kranke Zeit, ohne Sonnenschein weder oben, noch drinnen. Der ganze Aufenthalt in Nizza miß rathen. Die Philosophen machen es, wenn sie krank sind, wie die Thiere, sie verstummen, sie verkriechen sich in ihre Höhle. Auch meine alte Freundin Meysenbug mag schön erstaunt sein, seit letztem Herbst nichts von mir gehört zu haben. – Die Hitze in Italien trieb mich schon Anfangs Juni ins Engadin – ich Unglücksmensch! – Ein solches Wetter ist nicht zu beschreiben; mein Zustand verschlechterte sich dergestalt, daß er mich an meine traurigsten Zeiten erinnerte. Tiefe Schwäche, alle

40 Veröffentlicht in „Das Leben Fr. Nietzsches“ von E. Förster-Nietzsche II 874/76.

Wochen ein Paar Mal zu Bett, der fatale Kopfschmerz mit seinen fatalen Consequenzen. Da man nicht ausgehen konnte und den Tag im kalten Zimmer durchfröstelte, fand man Nachts nicht einmal Schlaf. Dazu völligen Mangel an Gesellschaft; die Augen zu schwach zum Lesen; Krankheit und Langweile in Permanenz. – Seit 3 Wochen ungefähr ist das Wetter anders: nicht gerade besser, aber wenigstens mit guten wenn auch kurzen Zwischenakten. Wintertage gab es von größter Strenge, mit ruhigen[41] Winden; auch jetzt ist der Gesamt-Charakter der Landschaft durch die große Masse Schnee sehr winterlich. Aber gestern und vorgestern höchste, irdische und engadinische Vollkommenheit!

In Nizza las ich Abends den Journal de Genève... Wie oft habe ich bei dem traurigen Wetter-Berichte Ihrer und Ihrer leidenden Freundin gedacht! Für einen ersten Winter in Genf war es hart. Paraguay ist, unter solchen Wetter-Verhältnissen, in der That ein verlockender Aspekt.

Die letzten größeren Berichte, vom wahrhaft fürstlichen Einzug und Empfang meiner Angehörigen in der neuen Colonie, haben einen starken Eindruck auf mich gemacht. Zuletzt habe ich Europa als Cultur-Museum absolut nöthig. Die Wildniß (– und das Glück...) ist für einen der keine Philosophie auf dem Gewissen hat! –

Zu den Curiositäten dieses Winters gehörte es, daß ich anfing berühmt zu werden! Wo? In Dänemark. Der geistreiche Gelehrte Dänemarks, Dr. Georg Brandes hat einen längeren Cyclus von Universitäts-Vorlesungen über den Philosophen Nietzsche gehalten, mit einem außerordentlichen Erfolge, wenn man den Zeitungen trauen darf. Mehr als 300 Personen regelmäßige Zuhörer; am Schluß eine große Ovation. – Man stellt

41 Eine zweite Abschrift zeigt „mit eisigen Winden“.

mir eben etwas Ähnliches für New York in Aussicht. – Ich wünschte ich hätte mehr Vergnügen an so etwas. Im Grunde stimmt mich's ironisch. –

Für den nächsten Winter will der Eremit nach Corsika, nicht gerade nach Ajaccio, sondern in eine unentdeckte Welt. Ich habe eine so tiefe Selbstbesinnung nöthig, daß mir es nirgends still, nirgends antimodern genug ist. Sagen Sie, wenn ich bitten darf, ein herzliches Wort von mir Ihrer verehrten Freundin; dasgleiche Ihrer Fräulein Tochter. Es freut mich sehr, daß sie im Verkehr mit einem guten Maler ist. Auch von Fräulein Zimmern höre ich mit großem Interesse; ich möchte, daß sie sich meiner noch erinnert. Es soll ja nicht ein Gruß an die ausgezeichnete Mad. Bichler vergessen werden. Ihr verehrungsvoll ergebener

Nietzsche

P.S. Eben beginnen die Glocken von Sils zu läuten, – neue Glocken! Ein schöner weicher melodischer Klang. –

9.

Torino, Via Carlo Alberto. 6. XII. 1838 [42]

Verehrteste Frau,

wo werden Sie mich suchen? Gewiß nicht so nah, in meiner Residenz Turin, die ich ein für alle Mal, auch für die Winter, gewählt habe. Ich kann nicht ausdrücken, wie sehr mir hier Alles wohl thut – ich habe keinen Ort gesehen, der meinen innersten Instinkten so entgegen käme. Großstadt, und dabei still, vornehm, mit einem ausgezeichneten Schlag von Menschen in jeder Classe der Gesellschaft. Wir haben den düsteren Pomp eines großen Begräbnißes gehabt: es galt einem der verehrtesten Piemontesen, dem Conte di Robilant. Und wenn mir Turin gefällt, ich weiß nicht wie es zugeht; man behandelt mich hier mit einer ausgesuchten Délicatesse.

Unter diesen Umständen hat sich mein Befinden geradezu wunderbar verbessert; ich gehe hier mit einem heiteren Stolze durch das Leben, daß Sie weder die Höhle, noch den Höhlenbär erkennen würden –

Ich freue[43] mich unter andern Glücksgütern auch eines klassischen Schneiders. Ach wenn man mich nur nicht „verdirbt"! Was für Briefe kommen jetzt aus aller Welt zu mir! Vorgestern ein Brief aus St. Petersburg, von einer charmanten und sehr gescheuten Russin. Mad. la Prinzesse[44] Anna Dimitrievna Tenischeff. Man sagt mir, daß die Feinschmecker der russischen Gesellschaft meine Bücher mögen, zum Beispiel Fürst Urussow. Leider sind einige verboten...

Heute kam ein Brief von einem Schweden A. Strindberg, einem wirklichen Genie, dessen Tragödie „Père", selbst die Nerven Zola's erschüttert haben soll. Der schwört ganz einfach auf mich und endet alle Briefe an alle Welt:

42 Eine zweite Abschrift zeigt „via Carlo Alberto 6, III".

43 Eine zweite Abschrift zeigt „erfreue".

44 Eine zweite Abschrift zeigt „princesse".

„Lisez Nietzsche! c'est mon Carthago est delenda!"

Ich denke, Sie haben dasselbe sublime Wetter, das wir seit September hier haben? Es scheint mir, daß ich in einem unendlichen Claude Lorr<a>in von Farben lebe. Auch habe ich in meinem ganzen Leben zusammengenommen nicht so viel geschaffen als hier in den letzten 70 Tagen – wer weiß! lauter Dinge ersten Ranges... Und ohne einen Schatten von Ermüdung, vielmehr bei vollkommener Heiterkeit und guter Küche.

Auch sind wir hier musikalisch sehr raffinirt. Im letzten Concert lauter feine Sachen, zum Beispiel: Patrie! von Bizet, dann Sakuntala, Ouvertüre von Goldmark. „Hypatisches Lied" für Orchester von R. de Vilbac[45] und etwas vom Allerschönsten und Rührendsten, das ich überhaupt gehört, so daß ich zehn Minuten ohne jeden Erfolg gegen die Thränen kämpfte – von wem? von einem Turiner Musiker, der 1887 starb. Rossaro…[46]

Sollten die allerbesten Dinge unbekannt bleiben? den allerbesten Menschen eingerechnet! Gehört es zum Wesen des Vollkommenen nicht „berühmt" zu werden? – Ruhm – ich fürchte man muß ein wenig canaille sein, um berühmt zu werden.

Sie würden mich, verehrteste Frau sehr verbinden, wenn Sie mir die genaue Adresse von Miß Helen Zimmern geben wollten.

Mich Ihnen Allen auf das Herzlichste empfehlend und Ihrer ausgezeichneten Freundin, der ich meine besten Wünsche zu Füßen lege, einen Winter wünschend wie wir ihn haben.

In freundschaftlicher Verehrung,

Nietzsche, Unthier...

---

45 Vilbac] Wilbac: Renaud de, 1829-84.

46 Rossaro: Carlo, 1828-78. Von ihm ist als sehr schön bekannt eine Phantasie für Klavier und Kontrabaß.

An Frau Professor Vischer-Heußler[47]

Nizza, den 28. April 1886

Liebe verehrte Frau Professor,

über Naumburg kommt diese außerordentlich schmerzhafte und überraschende Mittheilung zu mir, welche mich verpflichtet, auch meinerseits Ihnen ein Zeichen meiner Trauer und meines tiefen Mitgefühls zu geben. Es werden selten Männer so betrauert, wie Ihr ausgezeichneter Gemahl betrauert wird: von Menschen der verschiedensten Denkweisen und Bestrebungen, die aber alle einmüthig in dem Wunsche sind, einen Nachruhm, wie er ihn hat, zu hinterlassen, als treue, uneigennützige Freunde alles Guten und Gerechten. Darf ich hinzufügen, daß mir persönlich ein Stück Leben und Vergangenheit mit ihm zu Grabe getragen wird, an welches ich gerne und mit vieler Dankbarkeit zurückzudenken habe: er gehörte zu den trefflichen Basler Collegen,[48] die mir, in einer Lebenszeit, wo man noch wenig Anspruch auf Vertrauen machen darf und sich im Grunde erst zu „beweisen" hat, mit einem unbedingten Vertrauen und hülfreich in Rath und That entgegengekommen sind, nach dem Vorbilde seines verehrungswürdigen und mir unvergeßlich theuren Vaters.[49] Noch von meinem letzten Besuche, den ich ihm in Basel machte (vor zwei Jahren, Sie selbst waren verreist –) habe ich den Eindruck jenes tiefen Vertrauens zurückbehalten, welches wir, ich darf es wohl sagen, zu einander hatten.

---

47 Veröffentlicht in „Fr. Nietzsches Gesammelten Briefen", Berlin und Leipzig 1902,I3 472/74.

48 Wilhelm Vischer-Heußler war Professor der Geschichte.

49 Wilhelm Vischer, Professor der Philologie, Ratsherr und Chef des Erziehungswesens im Kanton Basel-Stadt.

In meinem nächsten Briefe will ich meiner Schwester von Ihrem großen Verluste Mittheilung machen, verehrte Frau Professor (über das Meer, Sie wissen ohne Zweifel von ihrer Übersiedelung nach Paraguay?); und ich weiß, daß sie mit Ihnen und mit mir auf das Schmerzlichste davon betroffen sein wird. Wenn ich selbst in diesem Jahre über Basel kommen sollte, werde ich mir die Freiheit nehmen. Ihnen mündlich zu wiederholen, was ich hier geschrieben habe,

als Ihr hochachtungsvoll
ergebener und sehr
betrübter Freund
Professor Dr. Nietzsche

An Freifrau Irene v. Seydlitz, geb. Simon v. Pálya[50]

Venezia, San Canciano calle nuova 5256,
7. Mai 1886

Verehrte Freundin,

nichts konnte liebenswürdiger sein als die Intention Ihres Briefes an mich, – der mich aufforderte, an mich selbst zu denken. Aber gerade das geht, wie es scheint, über meine Kräfte, Dank einer lebenslänglichen Verwöhnung: es gab in diesem Winter so viel Anderes zu denken, es lag so viel Anderes und lauter so Schweres auf mir, daß ich nicht einmal Zeit hatte, an mich zu denken, wozu Ihre Zeilen in der That die freundschaftlichste Aufforderung enthielten. Nehmen Sie das alles wörtlich, so verrückt es auch klingen mag. Aber ein Mensch wie ich ist in sein Problem – in seine „Aufgabe", sagt man wohl? – gespannt wie in ein schönes alterthümliches Folterwerkzeug: hat man's wieder einmal „überstanden", nun, so ist man doch für eine längere Zeit kaput. Zum Beispiel jetzt: ein Manuskript mit dem bösartigen Titel „Jenseits von Gut und Böse" ist das eine Resultat des Winters; das andere – liegt hier in Venedig, ich selber, jenseits vielleicht von Gut und Böse, aber nicht von Ekel, Langeweile, malinconia und Augenschmerzen. –

Diesen Winter sah ich öfter einmal den Namen meines Freundes Seydlitz in der Neuen freien Presse oder anderswo – sehr siegreich, wie mir schien?[51] – Ich glaube von einem Auftrage für Bologna gelesen zu haben? Das gab mir die Vorstellung, als ob Sie mit einander vielleicht südliche Pläne planten. Und darf ich wissen,

50 Veröffentlicht in „Fr. Nietzsches Gesammelten Briefen", Berlin und Leipzig 1902, I3 474/76.

51 von Seydlitz war Maler und Schriftsteller.

wo Sie sich vor der großen Hitze verstecken wollen? – Zuletzt bitte ich, nicht erstaunt zu sein, mich plötzlich einmal in München auftauchen zu sehn, „durchreisendamente“, um italienisch zu sprechen. Dies Jahr muß ich meiner Mutter etwas zu Hülfe kommen, daß sie den Verlust ihres andren Kindes nicht gar zu schwer trägt. – Übrigens sind die Nachrichten gut, die Seefahrt war glänzend. –

Seien wir guter Dinge! (Erste Bedingung des ewig-Weiblichen nach meiner façon: lachen – können, im Kopfe lauter dummes Zeug.)

Dankbar und ergeben
Ihr
Fridericus Rur Crux
Lux Dux etc.

An Fräulein Meta von Salis-Marschlins

1.

Nice (France), Pension de Genève,
1. Januar 1887

Hochgeehrtes Fräulein,

nehmen Sie meinen herzlichen Dank für Brief, Sendung, Gesinnung und alles, was mir von Ihnen gemeldet und bezeugt wird. Auch dafür, daß Sie dem kleinen Albergo in Rapollo Ehre erwiesen haben (vielleicht erzählte ich Ihnen, daß in demselben der erste Teil meines Zarathustra niedergeschrieben wurde, übrigens unter so erbärmlichen Verhältnissen des Leibes und der Seele, daß die Erinnerung daran mir übel macht). Nach meiner Erfahrung aus diesem Herbste muß ich Ihnen für eine zweite Reise an diese Küste einen Aufenthalt in Ruta anempfehlen (Albergo d'Italia, vortreffliche Zimmer): das ist der kleine Ort auf dem Dach des Promontorio, welches bis Portofino vorstößt. Da oben, in bester Luft, giebt es eine Fels- und Waldlandschaft zu erforschen, die wie ein Stück griechischen Archipelagus anmutet. Die einsamste Welt, die ich bisher fand, sehr Zarathustrisch. Leider waren daselbst zwei mißglückte Deutsche meine beständige Fußfessel, so daß mir auch dieser Ort im Gedächtniß etwas vergällt und verekelt ist. – Aus den Worten Ihres Briefes habe ich eins herausgenommen, das Wort Gegner: habe ich Gegner? Da ist eine Lücke in meinem Bewußtsein; zum mindesten habe ich noch nicht daran zu leiden gehabt. Das Mißverständnis übermich ist einstweilen zu groß, als daß ich wirkliche Gegner oder auch wirkliche Freunde haben könnte; auch werde ich mich weder darüber beklagen, noch die Geduld verlieren.

Gewiß ist, daß mir meine Freunde hundertmal mehr Not gemacht haben, als irgendwelche Abgeneigtheiten. Auch der Dr. Welti,[52] der mich durch ein liebenswürdiges clair-obscur von Verehrung hindurch sieht, macht es nicht besser, wie mir scheint.

Daß Schloß Marschlins nicht verkauft ist, hat mich gefreut zu hören; obwohl es mir schwer fallen möchte zu sagen, warum. Man soll sein Altes halten; es hält uns. Eben lese ich „Notre monde moderne, qui se fait de plus en plus improvisateur et spontané. "

Ihnen, hochgeehrtes Fräulein, mich dankbar empfehlend,
verbleibe ich
Ihr ergebenster
Dr. Friedrich Nietzsche

52 Dr.Welti: Heinrich, besprach „Jenseits von Gut und Böse" in der Züricher Zeitung. – Fräulein Meta von S. hatte Nietzsche diesen Artikel zugesandt.

2.

Sils-Maria, Mittwoch. <September 1887>

Verehrtestes Fräulein,

es scheint mir, daß Sie mit Marschlins den besseren Teil gewählt haben; denn Sils ist nichts mehr wert, seitdem Sie fort sind. Der September hat einen heimtückischen Charakter: kalt, schneeig, regnerisch, verdrossen; – ich selbst bin jeden Augenblick krank. Stünde es anders, so hätten Sie längst Nachricht von mir, auch ein Wort herzlichsten Dankes; denn Sie haben mir wacker dabei geholfen, über einen schweren und im Grunde von konträren Winden heimgesuchten Arbeitssommer, „hinwegzugondeln". Daß Sie meine Bücher lesen, macht mir jetzt weniger Besorgniß; der kürzeste persönliche Verkehr wirkt als Korrektur auf ein bloßes buchmäßiges Kennenlernen fremder Meinungen und Werte; – man sieht, hört und schließt hinterdrein ruhiger (alles Gedruckte ist an sich noch zweideutig und macht Unruhe).

Eben ist ein erbärmlicher Aufsatz angelangt, von einem Spiritisten und Wagnerianer abgefaßt, des Titels: „Variationen über Themen von Friedrich Nietzsche."[53] Insgleichen kam eine Einladung des Dresdener Avenarius, meinen Namen mit zur Begründung eines neuen Kunstblattes herzugeben: natürlich Nein gesagt. – Malwida schweigt.

Den 20. September will ich nach Venedig abreisen; der Herbst scheint kalt zu werden: das ist in Hinsicht auf die Lagunenstadt für mich eine Hoffnung.

Neulich, an einem gründlichen Regentage, entwickelte sich ein artiges, sehr prinzipielles Gespräch, bei dem die

53 Der Autor des genannten Aufsatzes hat sich leider bis jetzt nicht ermitteln lassen.

Rollen hübsch verteilt waren: der preußische Landrat, der Mediziner aus Gießen, der Jurist aus Heidelberg (Geheimrat Gierke) und ich (comme philosophe).

Mein Druck ist beim letzten Drittel angelangt; das Buch wird heißen: „Zur Genealogie der Moral. Eine Streitschrift."

Damit ist nunmehr alles Wesentliche angedeutet, was zur vorläufigen Orientierung über mich dienen kann; von der Vorrede zur „Geburt der Tragödie" bis zur Vorrede des letztgenannten Buchs – das giebt eine Art „Entwicklungsgeschichte". Nichts ist übrigens degoutanter, als sich selbst kommentieren zu müssen; aber bei der vollkommenen Aussichtslosigkeit dafür, daß irgend jemand anders mir das Geschäft hätte abnehmen können, habe ich die Zähne zusammengebissen und gute Miene, hoffentlich auch „gutes Spiel" gemacht. Die Arbeit eines ganzen Jahres! (eingerechnet das fünfte Buch der gaya scienza, das ich besonders empfehle).

Mein verehrtes Fräulein, behalten Sie diesen Sommer in guter Erinnerung, – ich will es auch thun.

Mich Ihrer ausgezeichneten Freundin angelegentlich empfehlend bleibe ich Ihr

ergebenster Diener
Dr. Friedrich Nietzsche

N. B. Aber man soll nicht sagen: „Marschlins bei Igis"[54] sondern „Igis bei Marschlins" – oder vielmehr, man soll gar nicht „Igis" sagen... Ich vergaß, mich Ihrer verehrten Frau Mutter zu empfehlen.

54 Igis: Ort in Graubünden, nördlich von Chur.

3.

Sils, Engadin, den 17. Juni 1888

Verehrtes Fräulein,

es schneit eben aus Leibeskräften; ich sitze in meiner Höhle und überlege mit einiger Schwermut, ob nicht das Wetter (oder der Wettermann) den Verstand verloren hat. Als ich hier ankam, war es schwül, lästig, eine Hitze von 24 Grad; es kam mich fast eine Reue an, Turin verlassen zu haben, wo wir zwar täglich 31 C hatten, aber aria limpida elastica und jenen berühmten Zephyr, von dem ich früher nur durch die Dichter wußte.

Hier oben schmolzen sechsundzwanzig Lawinen; wohin man spazieren ging, fand man Haufen weichen Schnees; – ich war sechs Tage krank, ehe ich mich wieder mit Sils und dem Leben vertrug.

Das schreibe ich im Grunde, um Sie einzuladen, hier herauf zu kommen. Ich zweifle nicht, daß Sie besseres Wetter mitbringen – und jene Vernunft, die das Wetter verloren hat.

In der „Alpenrose" sind vierzehn Personen – fast lauter Hamburger und Hamburgerinnen. Das flieht alles vor dem tropischen Glutsommer, der uns versprochen ist – und sitzt nun im Schnee.[55]

Ich habe eben, mit Hilfe meteorologischer Tabellen, folgende ganz unwahrscheinlich klingende Wahrheit festgestellt.

55 Bis hierher ist der Brief veröffentlicht. Vgl. „Das Leben Fr. Nietzsches" von E. Förster-Nietzsche, II 864.

„Der Januar in Italien.“

	Heitere Tage	Regentage	Grad der Bewölkung	
Turin	10,3	2	4,9	
Florenz		9,1	9,7	5,7
Rom	3,2	10	5,8	
Neapel		7,7	10,8	5,2
Palermo	3,2	13,5	6,5	

Das bedeutet, daß im Winter, je tiefer man nach Süden steigt, das Wetter schlechter ist (weniger helle Tage, mehr Regentage und ein immer trüberer Himmel). Und wir glauben alle instinktiv das Gegenteil!!

Das schreibe ich im Grunde, um zu fragen, was Sie in Rom und mit Rom erlebt haben. Ich habe oft meine Zweifel gehabt, ob gerade dieser Winter, wo Rom außerdem im Pilgrimdunst lag, Ihnen Freude gemacht hat. Aber zuletzt waren Sie gar nicht dort; ich habe so lange nichts mehr von Ihnen gehört.

Von meiner Schwester sind die allerbesten Nachrichten da; zuletzt eine Beschreibung des festlichen Einzugs in die neue Residenz Nueva-Germania, die mich ganz bezaubert hat. Die Unternehmung gedeiht; sie hat bereits jetzt einen großen Aspekt.

Haben Sie davon gehört, daß ich inzwischen berühmt geworden bin? Nämlich in Dänemark, woselbst, zu meinem größten Erstaunen, der Dr. Georg Brandes für meine Philosophie Propaganda macht. Er hat einen längeren Cyklus Vorlesungen, „über den deutschen Philosophen Friedrich Nietzsche“ an der Kopenhagener Universität gelesen – und ich habe Grund, zu glauben, daß er damit einen großen Erfolg gehabt hat. Man spricht im ganzen Norden jetzt von mir („Herren-Moral“ scheint das Schlagwort).

Mit der Bitte, mir ein freundliches Wort hier herauf zu sagen,

bin ich Ihr
ergebenster Diener
Nietzsche

Was macht Fräulein Resa? Ist sie bereits promota? – Und Ihre dichterische Freundin?[56]

4.

Sils, den 27. Juli <1888>

Verehrtes Fräulein!

Sie würden mich sehr verpflichten, wenn Sie mir die augenblickliche Adresse von Fräulein von Meysenbug mitteilen wollten. Ist es wieder Versailles, Villa Amiel? Oder hat das außergewöhnliche Wetter auch in ihre Sommergewohnheiten störend eingegriffen? –

Das Wetter, obwohl immer sehr unruhig und unberechenbar, läßt doch wenigstens die Sonne wieder durch. Ich habe noch keine schlechtere Zeit hier oben erlebt, selbst nicht hinsichtlich meiner Gesundheit. Mich bestens für Brief und Gruß bedankend

Ihr ergebenster
Prof. Dr. Nietzsche
Freitag

56 Hedwig Kym.

5.[57]

Mittwoch. Sils, 22. August <1888>

Verehrtes Fräulein,

ein Wetter wie am Morgen Ihrer Abreise – zum ersten Male seitdem; lautes Geplätscher. Ich mache mir die kluge Erholung, die ich mir so oft im Kampf mit den „Naturgeistern" diesen Sommer gemacht habe – und unterhalte mich ein wenig mit Ihnen. Zu alledem liegt ein gewisses Buch vor mir:[58] es kam gestern abend an. Noch niemals habe ich mich so würdig angeputzt gesehen – beinahe als „Classiker". Der erste Blick hinein gab mir eine Überraschung: ich entdeckte eine lange Vorrede zu der „Genealogie", deren Existenz ich vergessen hatte... Im Grunde hatte ich bloß den Titel der drei Abhandlungen im Gedächtnis: der Rest, das heißt der Inhalt war mir flöten gegangen. Dies die Folge einer extremen geistigen Thätigkeit, die diesen Winter und dies Frühjahr ausfüllte und die gleichsam eine Mauer dazwischen gelegt hatte. Jetzt lebt das Buch wieder vor mir auf – und zugleich der Zustand vom vorjährigen Sommer, aus dem es entstand. Extrem schwierige Probleme, für die eine Sprache, eine Terminologie nicht vorhanden war; aber ich muß damals in einem Zustande von fast ununterbrochener Inspiration gewesen sein, daß diese Schrift wie die natürlichste Sache von der Welt dahinläuft. Man merkt ihr keine Mühsal an. – Der Stil ist vehement und aufregend, dabei voll finesses; und biegsam und farbenreich, wie ich eigentlich bis dahin keine Prosa geschrieben. Freilich sagt der große Kritiker Spitteler: daß er, seitdem er

57 Veröffentlicht in „Die neue Rundschau", November 1907, S. 1368/69.

58 Hierzu bemerkte Frl. von Salis auf der Abschrift: Weil Nietzsche sein Exemplar von „Zur Genealogie der Moral" inn Sils nicht bei sich hatte, sandte ich ihm auf Wunsch das meine.

diese Schrift von mir gelesen habe, alle Hoffnungen auf mich als Schriftsteller aufgegeben habe...

Im Vergleich mit letztem Sommer, der mir eine solche Improvisation über horrible Themata erlaubte, erscheint dieser Sommer freilich geradezu „ins Wasser gefallen“. Dies thut mir außerordentlich leid: denn aus dem zum ersten Male wohlgeratenen Frühlings-Aufenthalte brachte ich sogar mehr Kraft mit herauf als voriges Jahr. Auch war alles zu einer großen und ganz bestimmten Aufgabe vorbereitet. Das „Pamphlet“ gegen Wagner (auf das ich – unter uns – stolz bin), gehört in allem Wesentlichen nach Turin und war eigentlich die echte, allerbeste Erholung, die jemand sich mitten in schweren Dingen machen konnte.

Zu den Spezialitäten dieses Sommers gehört die absurde Insommnie. Auch heute, wie gestern, wie vorgestern seit zwei Uhr nachgedacht ... Um vier Uhr Cacao ...

Gestern nachmittags war ich mit Prof. Kaftan[59] im Fexthal. In der „Alpenrose“ sind noch c. 30 Personen. Im Grunde geht es jetzt schnell zu Ende. Der Herbst ist da – wir haben ein unzweifelhaftes September wetter; wenn dies nicht gar noch ein Euphemismus ist. Ich will dennoch bis Mitte September auszuhalten suchen.

Mit den herzlichsten Wünschen für Ihr Wohlergehen und mit einem vielfachen Anlasse Ihnen zu danken

Ihr

ergebenster

Dr. Nietzsche

Sie dürfen sich darauf verlassen, daß das Buch wie ein Ei geschont in einer festen (gebundenen) Enveloppe zu Ihnen zurückkehrt.

---

59 Kaftan: Julius, Prof. der Theologie in Berlin, früher in Basel.

6.[60]

Sils, 7. Sept. 1888

Verehrtes Fräulein!

Hiemit sende ich, zugleich mit meinem verbindlichsten Danke, das Buch wieder an Sie zurück. Ich habe es in einen festen Carton gesteckt; mein Wunsch ist, daß die Post keine Brutalitäten begeht.

Inzwischen war ich sehr fleißig, – bis zu dem Grade, daß ich Grund habe, den Seufzer meines letzten Briefes über den „ins Wasser gefallenen Sommer" zu widerrufen. Es ist mir sogar etwas mehr gelungen, Etwas, das ich mir nicht zugetraut hatte... Die Folge war allerdings, daß mein Leben in den letzten Wochen in einige Unordnung geriet. Ich stand mehrere Male nachts um zwei Uhr auf, „vom Geiste getrieben", und schrieb nieder, was mir vorher durch den Kopf gegangen war. Dann hörte ich wohl, wie mein Hauswirth, Herr Durisch, vorsichtig die Hausthür öffnete und zur Gemsenjagd davonschlich. Wer weiß! Vielleicht war ich auch auf der Gemsenjagd...

Der dritte September war ein sehr merkwürdiger Tag. Früh schrieb ich die Vorrede zu meiner Umwertung aller Werte, die stolzeste Vorrede, die vielleicht bisher geschrieben worden ist. Nachher ging es hinaus – und siehe da! Der schönste Tag, den ich im Engadin gesehen habe, – eine Leuchtkraft aller Farben, ein Blau auf See und Himmel, eine Klarheit der Luft, vollkommen unerhört... Es war nicht nur mein Urtheil.... Die Berge, bis tief herunter in Weiß – denn wir hatten ernsthafte Wintertage – erhöhten jedenfalls die Intensität des Lichtes. –

Dann ging ich zu Tisch und fand, neben meinem

60 Veröffentlicht in: „Die neue Rundschau". November 1907, S. 1370.

Couvert, Briefe, darunter auch einen kurios dick gerathenen Brief von Ihnen...

Nachmittags lief ich um den ganzen See von Silvaplana herum; der Tag wird mir wahrscheinlich im Gedächtnis bleiben.

Am 1.5. September gehe ich fort nach Turin; was den Winter betrifft so wäre doch, aus Gründen tiefer Sammlung, wie ich sie nötig habe, der Versuch mit Korsika ein wenig riskiert... Doch wer weiß. –

Im nächsten Jahre werde ich mich dazu entschließen, meine Umwertung aller Werte, das unabhängigste Buch, das es giebt, in Druck zu geben... Nicht ohne große Bedenken! Das erste Buch heißt zum Beispiel: Der Antichrist.

Mit dem herzlichsten Gruße und einer vollkommenen Zustimmung zu Ihrem Urteil über Zürich, (gar nicht zu reden von den Wasserstrolchen)

bleibe ich dankbar ergebenst
Ihr
Friedrich Nietzsche

7.[61]

Mittwoch, 12. Sept. 1888

Verehrtestes Fräulein!

Ein letzter Gruß aus Sils, zugleich um Ihnen von unsrer Wassernoth zu erzählen. Die letzte Woche war die größte Geduldsprobe dieses Sommers (was viel sagen will!); es goß Tag und Nacht in Strömen, zeitweilig mit Schnee untermischt. Die Seen sind übervoll, hie und da bis auf die Straße herauf! Die Halbinsel ist eine ganze Insel; das Thal von Samaden stellt einen großen See dar. Eben versuchte ich den Waldweg an der Säge vorbei: er hatte einen Reiz mehr – man ging längere Zeit direkt am Wasser (der See erschien viel größer). Die Eisenbahn Colico-Chiavenna soll zum Teil entfremdet sein. – Hr. Caviezel berechnete uns das Quantum Niederschlag der letzten 4 Tage auf 220 Millimeter (während das normale Quantum eines ganzen Monats 80 ist.) Sonntag Abreise nach Torino. –

Meine ergebensten Empfehlungen und Wünsche.

Dr. N.

61 Veröffentlicht in: „Die neue Rundschau“. November 1907, S. 1371.

8.[62]

Turin, den 14. Nov. 88

Verehrtes Fräulein!

Da ich fortdauernd an einem kleinen Überfluß von guter Laune und andern Glücksgütern leide, so dürfen Sie mir einen völlig sinnlosen Brief wohl nachsehen. Bis jetzt ist Alles besser als gut gegangen; ich habe meine Last gewälzt, wie als ob ich von Natur ein „unsterblicher" Lastträger wäre. Nicht nur daß das erste Buch der Umwerthung schon am 20. Sept. zu Ende kam, inzwischen hat sich ein sehr unglaubliches Stück Litteratur, das den Titel führt „Ecce homo. Wie man wird, was man ist" – auch schon wieder mit Flügeln begabt und flattert, wenn mich nicht alles trügt, in der Richtung von Leipzig....

Dieser homo bin ich nämlich selbst, eingerechnet des ecce; der Versuch, über mich ein wenig Licht und Schrecken zu verbreiten, scheint mir fast zu gut gelungen. Das letzte Kapitel hat zum Beispiel die unerquickliche Überschrift: Warum ich ein Schicksal bin. Daß dies nämlich der Fall ist, wird dermaßen stark bewiesen, daß man am Schluß bloß noch als „Larve", bloß noch als „fühlende Brust" vor mir sitzen bleibt. –

Daß es einiger Aufklärung über mich bedarf, bewies mir jüngst noch der Fall Malwida!

Ich habe, unter uns, mich noch einmal mehr davon überzeugt, daß der „berühmte Idealismus" in diesem Falle im Grunde eine extreme Form der Unbescheidenheit ist – „unschuldig", wie es sich von selbst versteht. Man hat Malwida immer mitreden lassen; wie mir scheint, hat ... niemand gesagt, daß ... mit jedem Satze nicht nur irrt, sondern lügt.... Das machen ja die

62 Zum größten Teil veröffentlicht in: „Die neue Rundschau", November 1907, S. 1381/82.

„schönen Seelen" so, die die Realität nicht sehen dürfen. ... Ich schrieb darauf, daß Zarathustra die Guten und Gerechten abschaffen wolle, weil sie immer lügen. Darauf antwortete <..., sie> stimme mir darin völlig bei, denn es gebe so wenig Wirklich-Gute. ...

Turin ist kein Ort, den man verläßt. Ich habe Nizza ad acta gelegt, insgleichen den romantisme eines korsischen Winters (es lohnt sich zuletzt nicht mehr, die Herren Banditen sind wirklich abgeschafft, sogar die Könige, die Bellacoscia) – Der Herbst war hier ein Claude Lorrain in Permanenz, – ich fragte mich oft, ob so Etwas auf Erden möglich sei. Seltsam! gegen die Sonnenmisere da oben gab es also wirklich eine Ausgleichung. Da haben wir's: Der alte Gott lebt noch...

Auch ist man hier sehr delikat gegen mich, meine Lage hat sich gegen die des Frühlings in einem unausrechenbaren Grade verbessert. – Von meiner Gesundheit wage ich gar nicht mehr zu reden: das ist ein überwundener Standpunkt. – Die noch im Engadin fertig gewordene Schrift, die radikalste vielleicht, die es giebt, führt jetzt den Titel:
– Götzendämmerung
oder
wie man mit dem Hammer philosophiert.

Der Druck ist beendet. – Erwäge ich, was ich alles zwischen dem 3. September und 4. November verbrochen habe, so fürchte ich, daß allernächst die Erde zittert. Diesmal in Turin; vor zwei Jahren, als ich in Nizza war, wie billig, in Nizza. In der That meldete der letzte Observatoriumsbericht von gestern bereits eine leichte Oscillation ...

Wir hatten den düsteren Pomp eines großen Begräbnisses. Einer der verehrungswürdigsten Piemontesen, der Conte di Robilant, wurde zu Grabe getragen; ganz

Italien war in Trauer. Es hat einen Premier verloren, den man mit Ungeduld erwartete – und den niemand ersetzt.[63]

Mit ausgezeichneter Ergebenheit

Ihr

Nietzsche

Herr Spitteler hat im „Bund" einen Schrei des Entzückens über den „Fall" ausgestoßen.

63 Robilant: Carlo Felice Nicolis, Graf von, 1826-88. Er schloß 1887 den Dreibund ab.